Miracle

une célébration de la vie

« Chaque nouvelle vie est un véritable miracle. Je me suis spécialisée dans les portraits de bébés en essayant de mettre en valeur ce qu'un nouveau-né implique comme promesse absolue, ce potentiel impressionnant que possède tout enfant pour se développer et devenir un être humain unique. Ce fut pour moi un plaisir immense et un privilège de travailler sur le projet *Miracle* avec Céline dont le talent vocal sait si bien exprimer cet amour des enfants que nous partageons. »

Anne

« J'ai toujours été une fan enthousiaste d'Anne. Bien longtemps avant de devenir moi-même une maman, j'étais fascinée par la façon extraordinaire qu'elle avait de photographier les bébés. Ce fut merveilleux de travailler avec elle sur ce projet si particulier. »

Céline

« *Miracle* vient du plus profond de nos cœurs. »

the first time ever I saw your face

the first time ever I saw your face
I thought the sun rose in your eyes
and the moon and the stars were the gifts you gave
to the dark and the endless skies my love

the first time ever I kissed your mouth
I felt the earth move through my hand
like the trembling heart of a captive bird
that was there at my command my love

the first time ever I lay with you
and felt your heart so close to mine
the first time ever I saw your face
your face, your face, your face

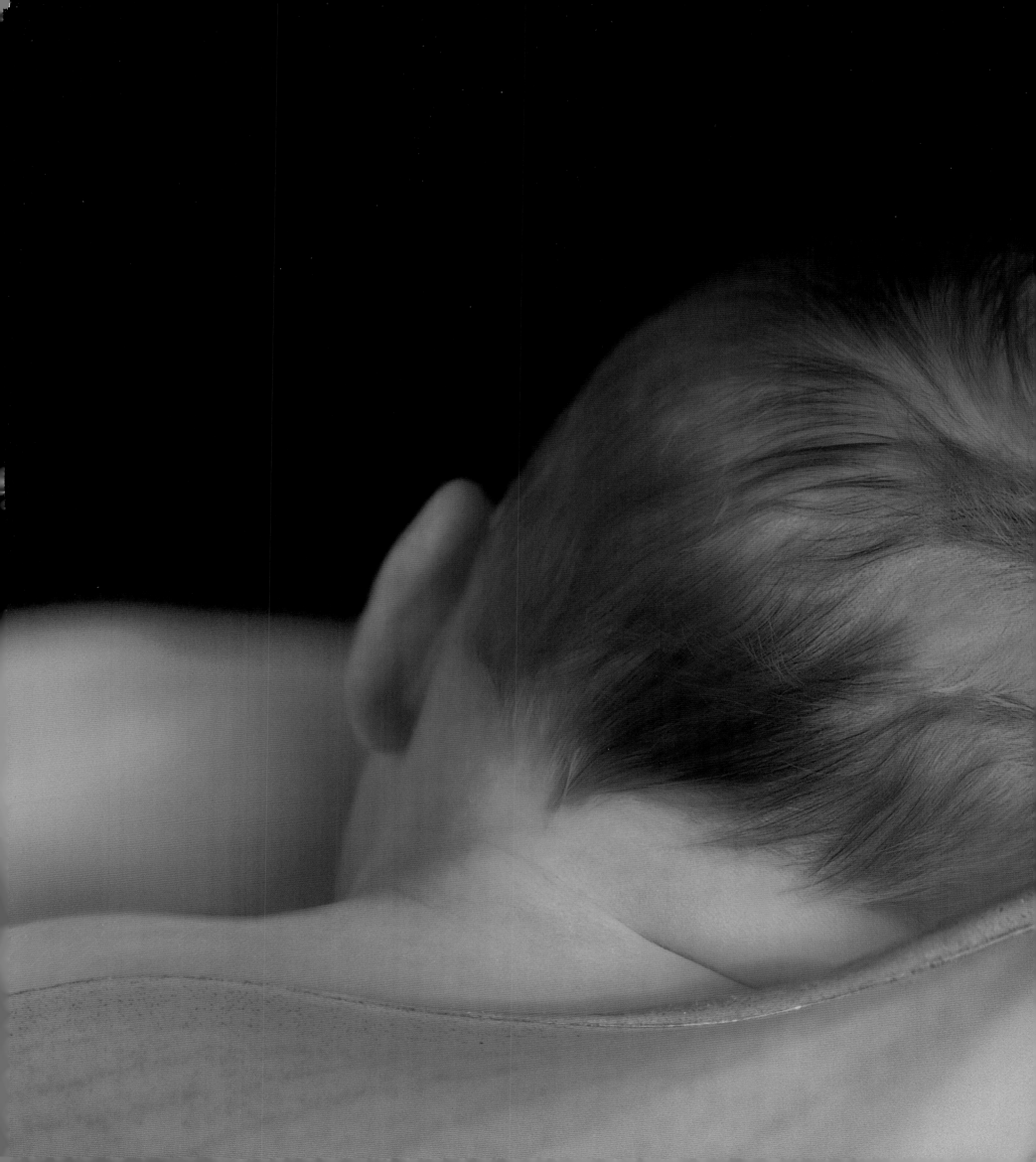

la première fois que j'ai vu ton visage

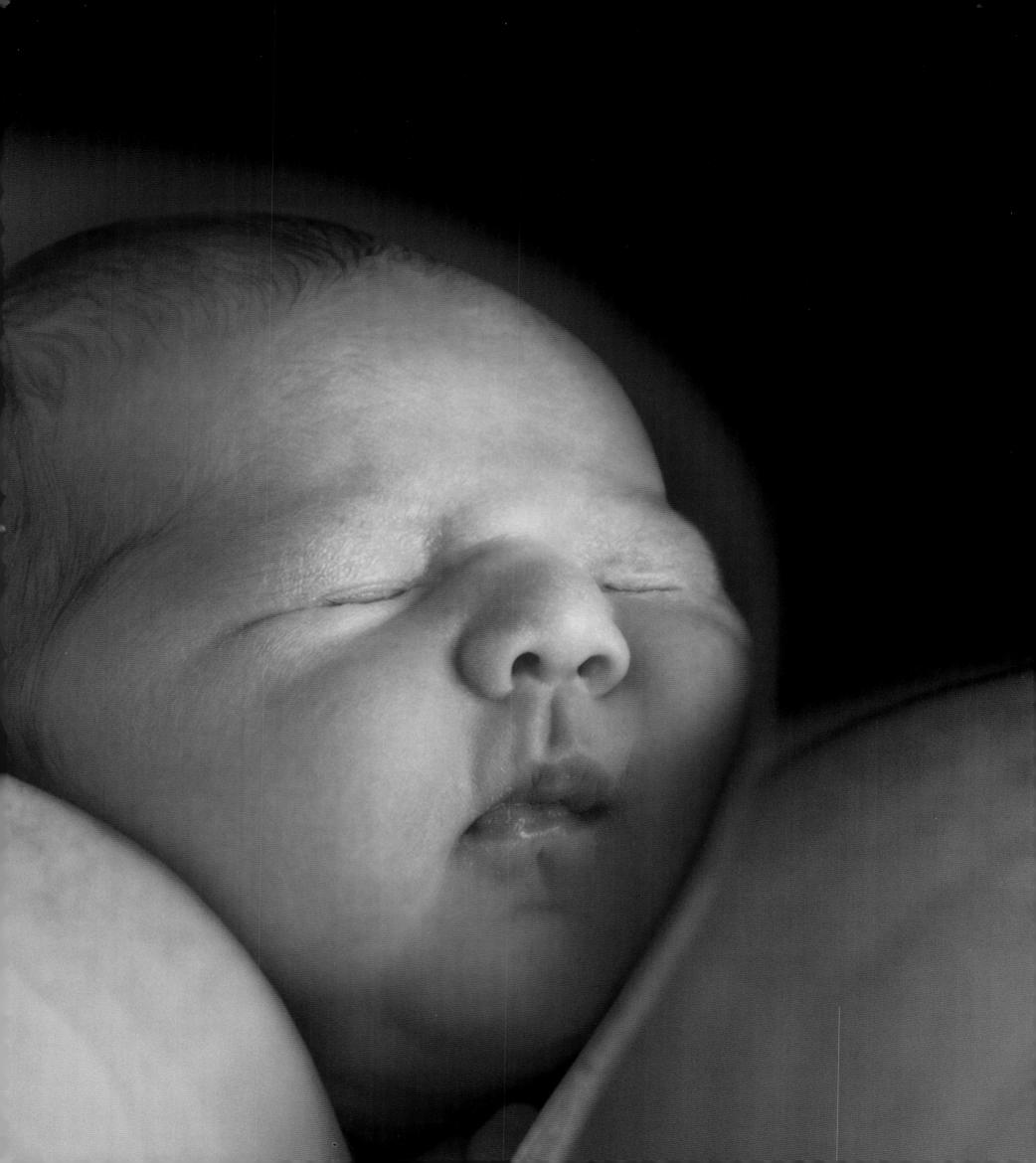

j'ai cru v... ...tolérée ...voir...

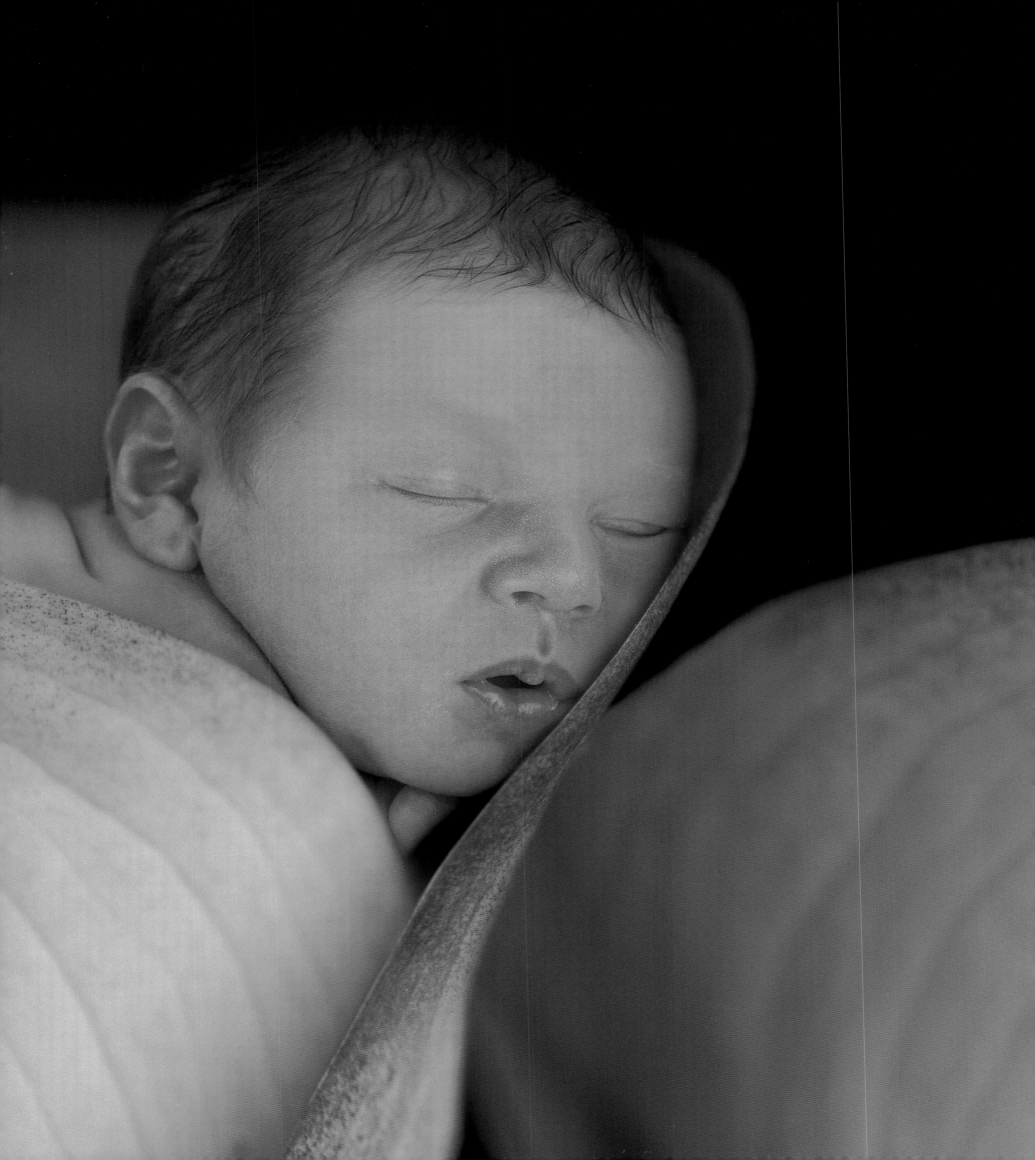

la lune et

offertes en présent

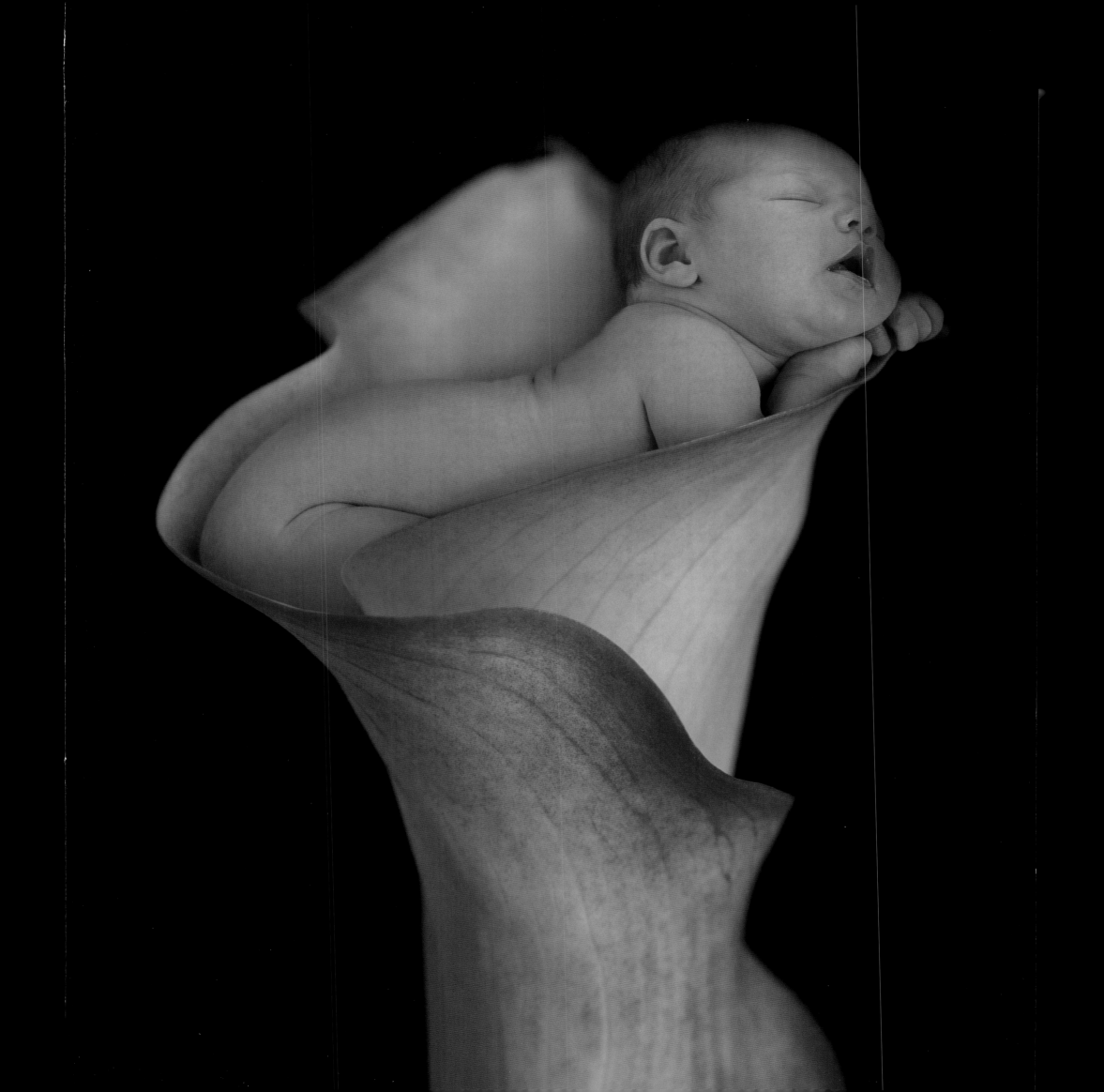

aux ténèbres de la nuit

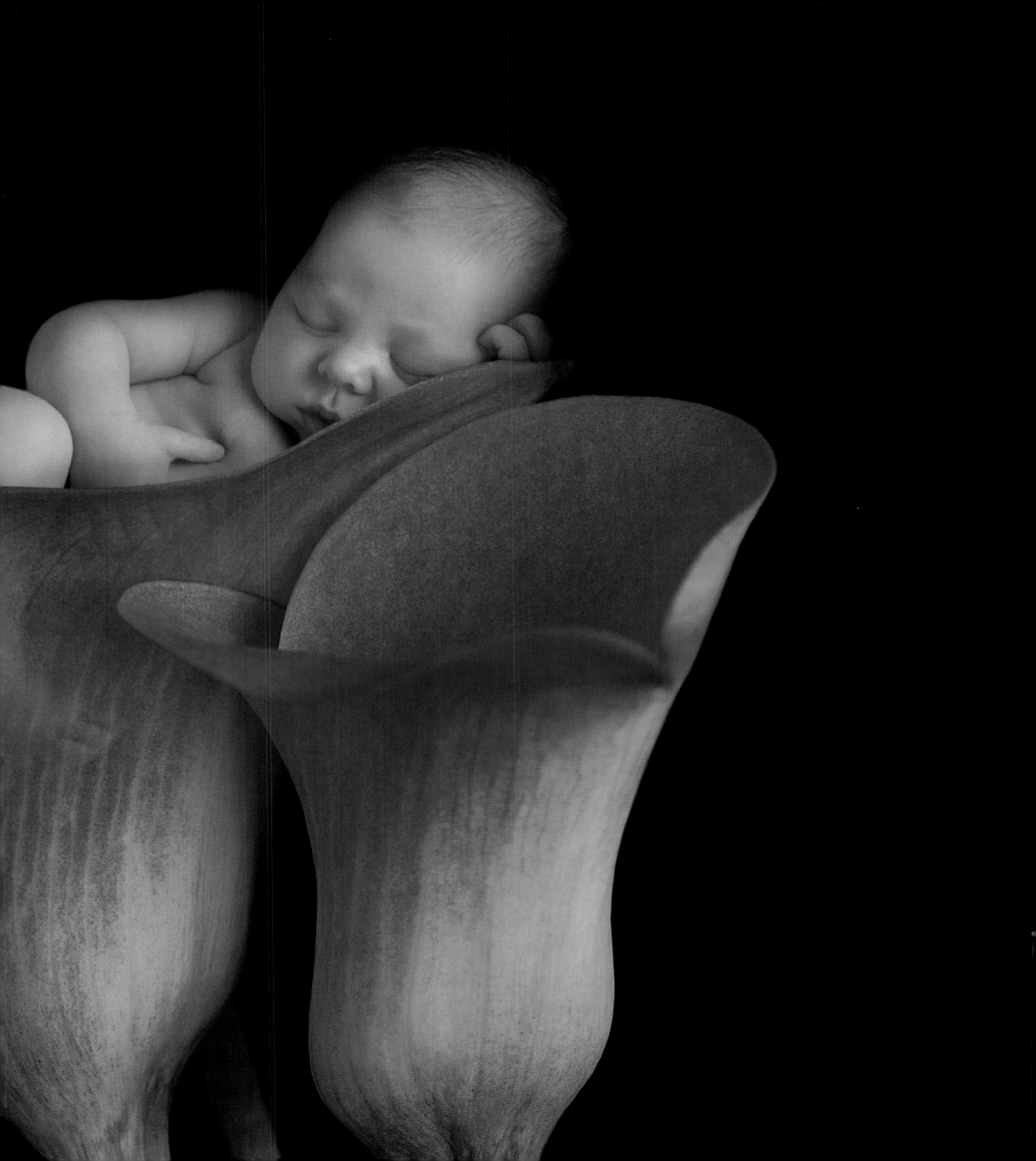

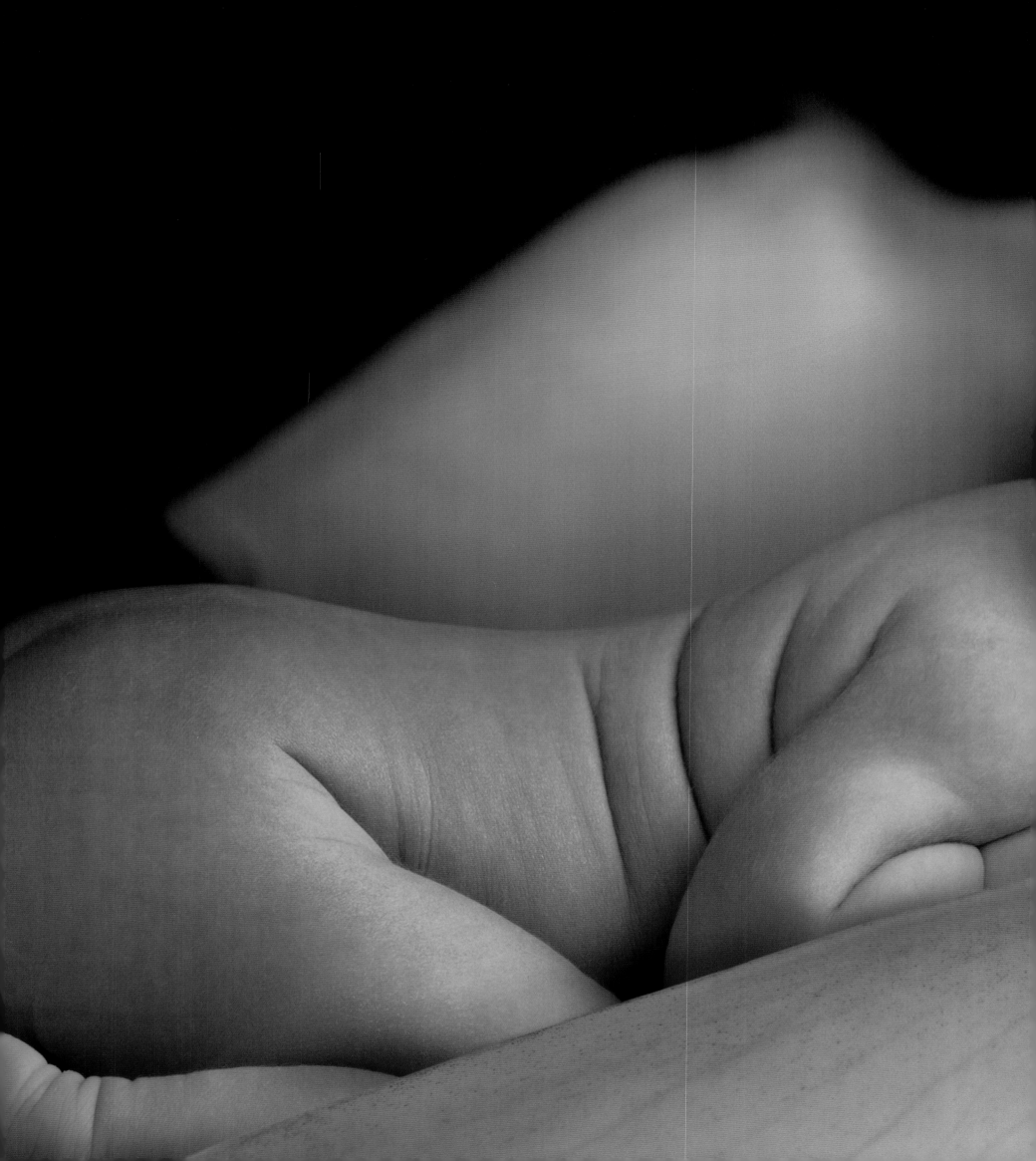

que j'ai embrassé tes lèvres

j'ai senti la terre trembler

mon amour

que je me suis allongée près de toi

j'ai senti battre ton cœur

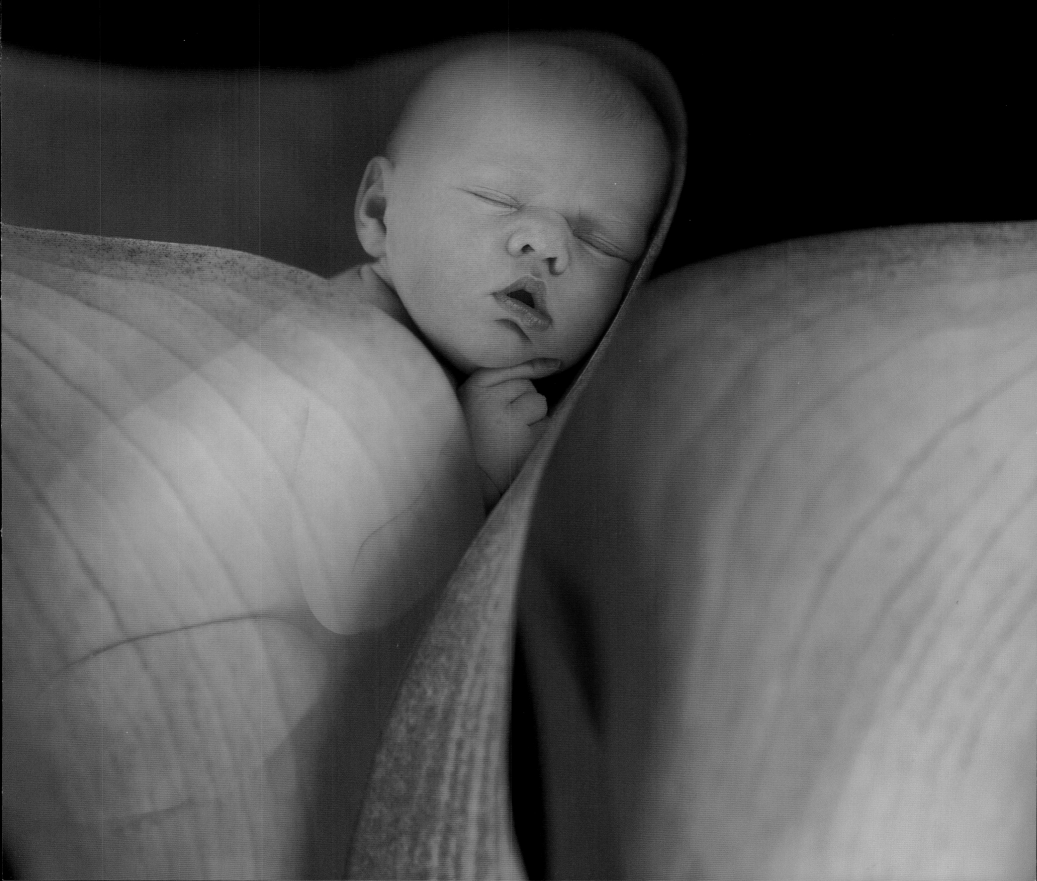

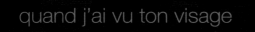

quand j'ai vu ton visage

pour la première fois

ton visage

f I could

f I could
'd protect you from the sadness in your eyes
give you courage in a world of compromise
yes, I would

f I could
would teach you all the things I've never learned
and I'd help you cross the bridges that I've burned
yes, I would

f I could
would try to shield your innocence from time
but the part of life I gave you isn't mine
've watched you grow, so I could let you go

f I could
would help you make it through the hungry years
but I know that I could never cry your tears
but I would
f I could

yes, if I live
n a time and place where you don't want to be
you don't have to walk along this road with me
my yesterday won't have to be your way

if I knew
I would try to change the world I brought you to
and there isn't very much that I could do
but I would
if I could

oh baby
I just want to protect you
and help my baby through the hungry years
'cause you're part of me
and if you ever ever ever need
I said a shoulder to cry on
or just someone to talk to
I'll be there, I'll be there

I didn't change your world
but I would
if I could

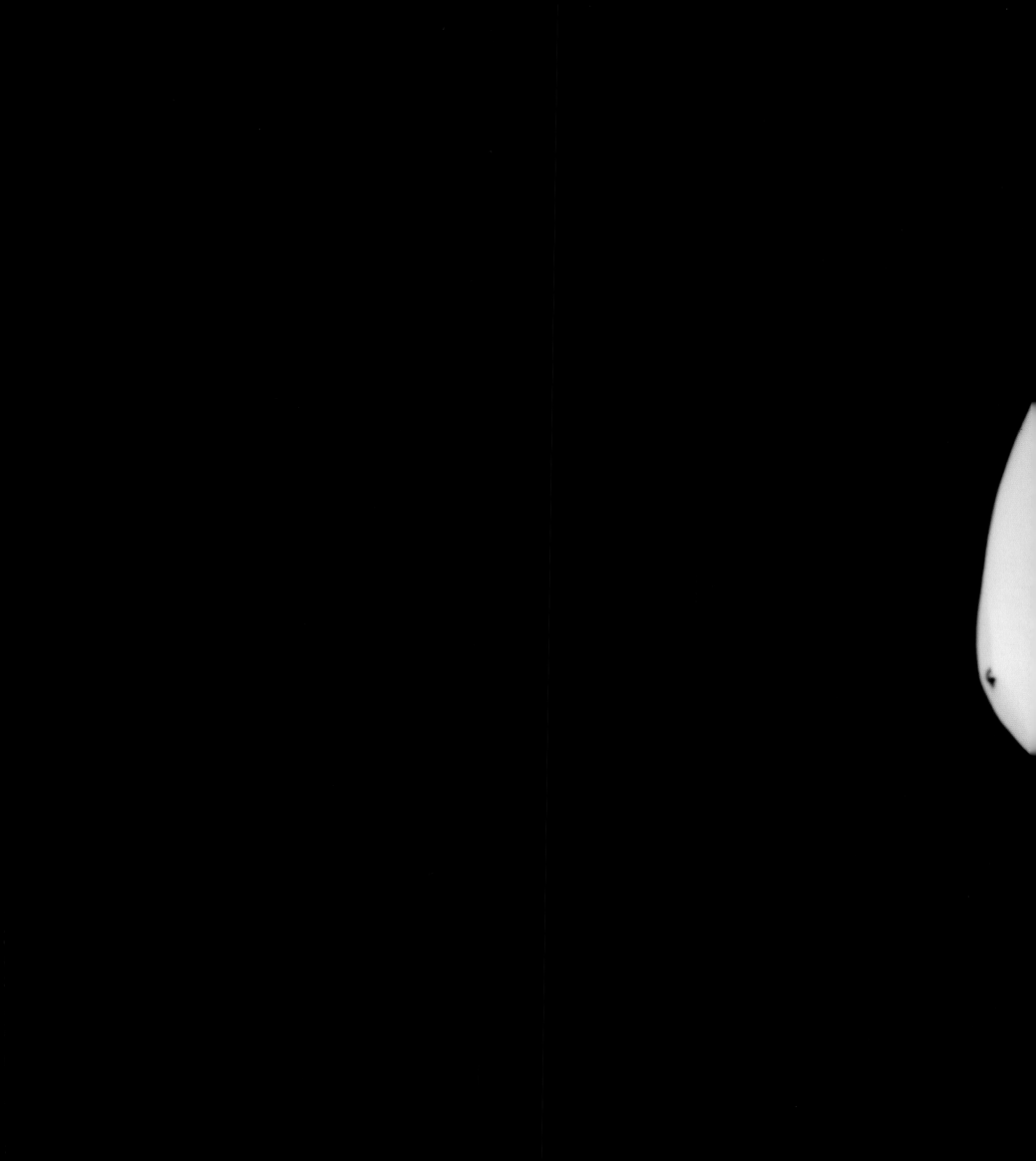

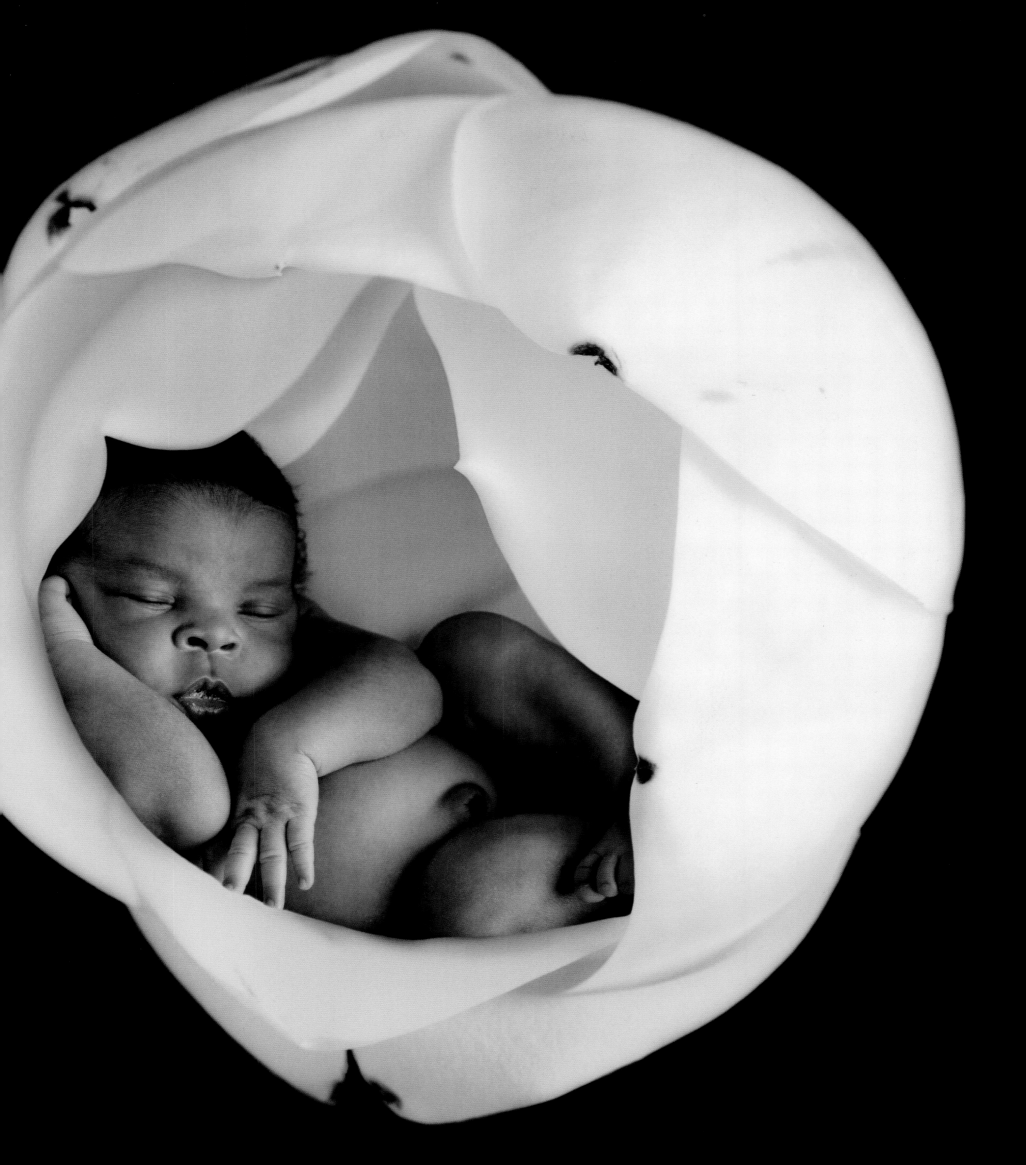

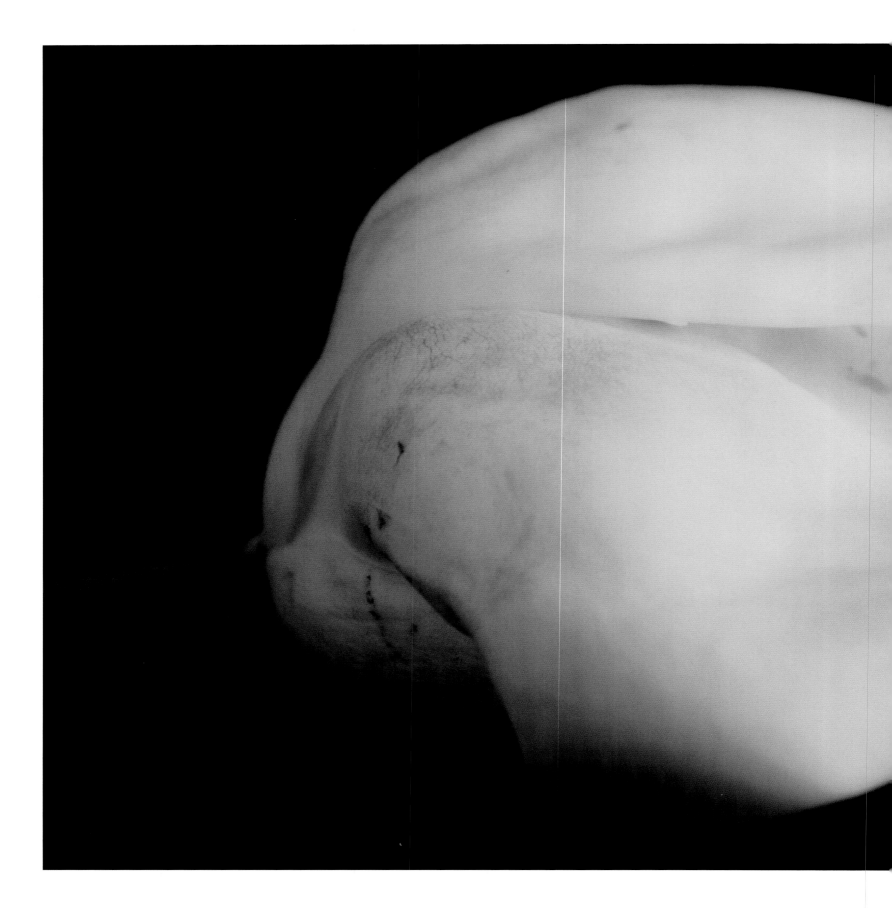

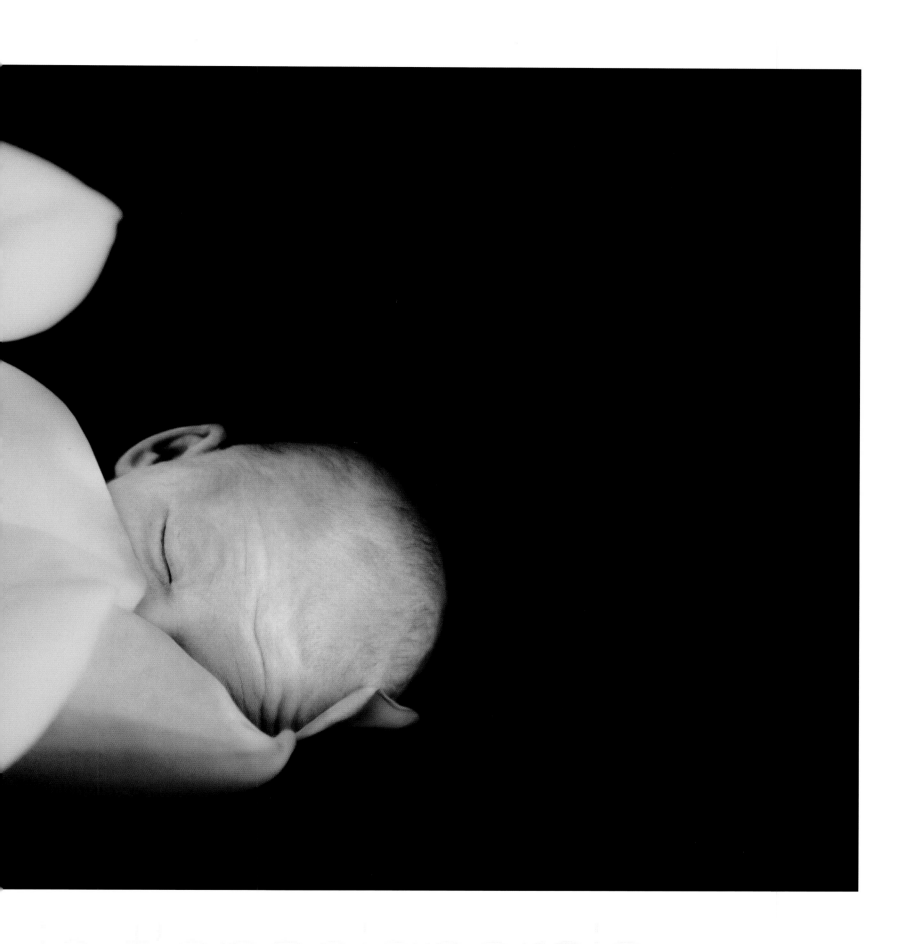

je t'enseignerais

toutes les choses que je n'ai jamais apprises

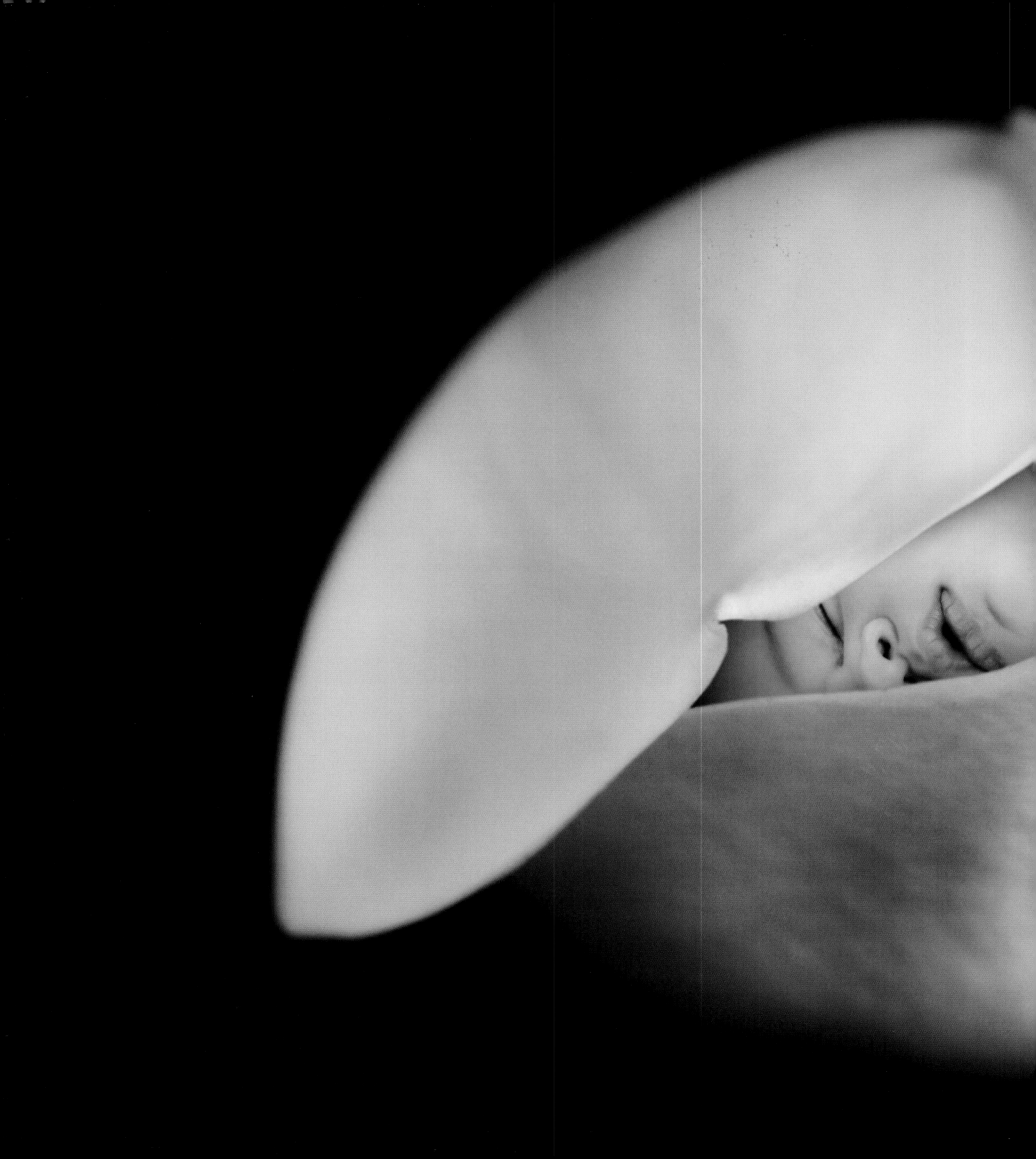

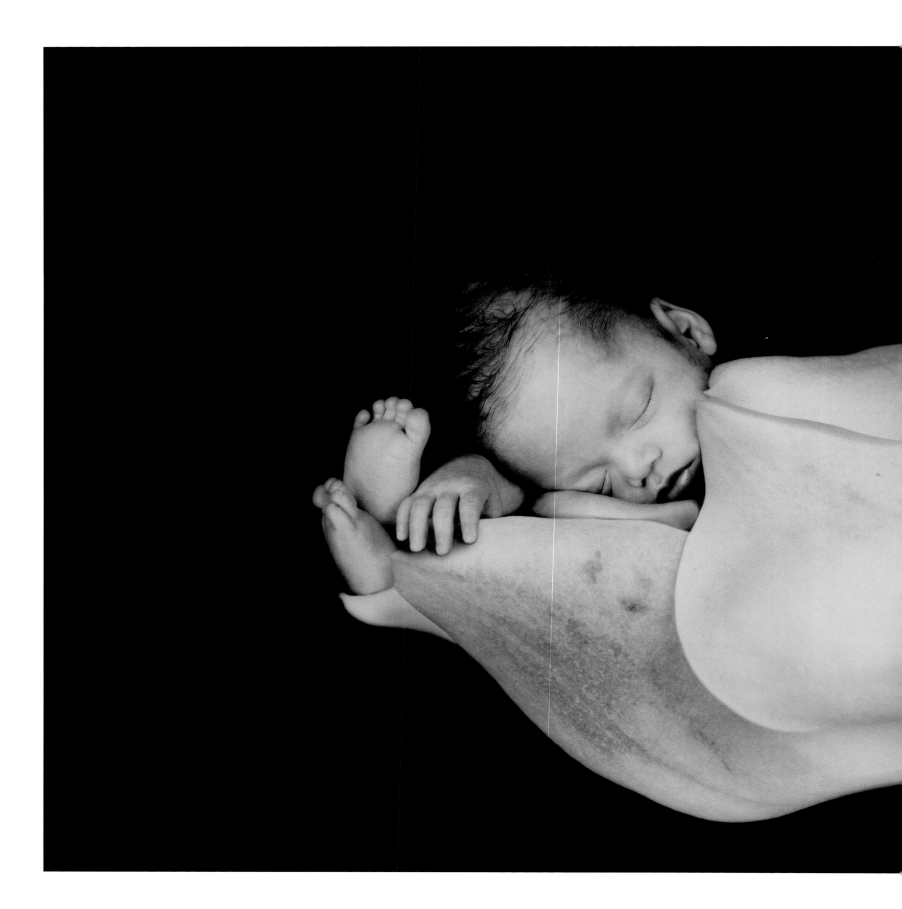

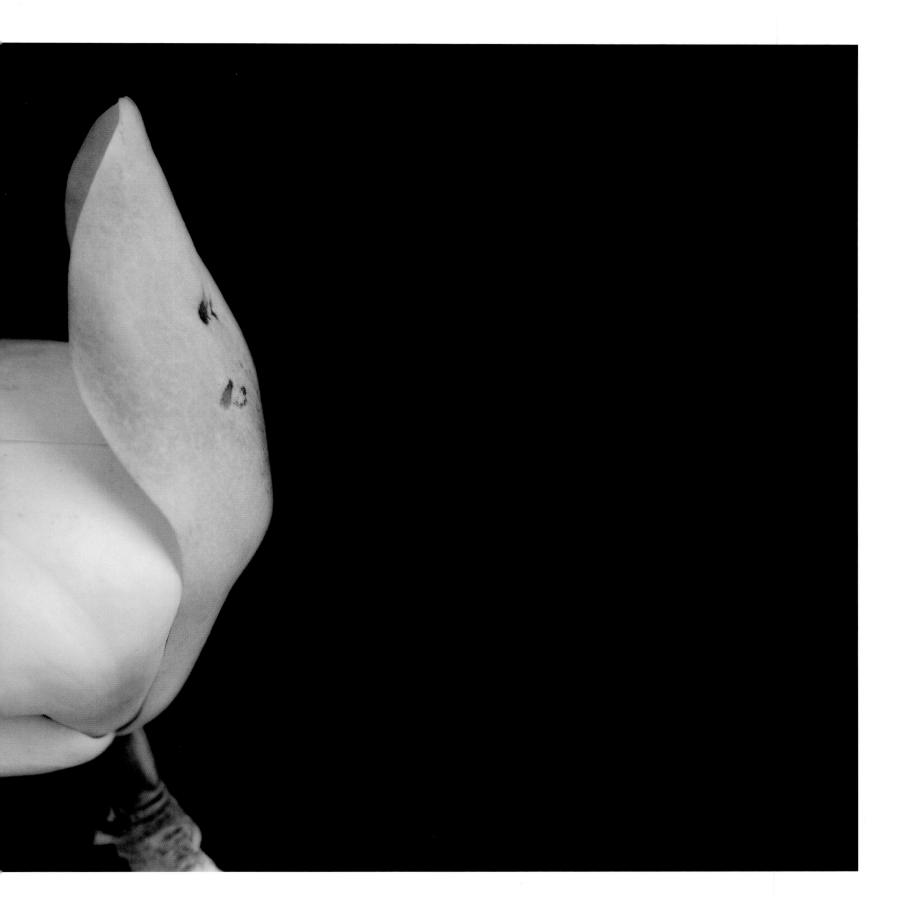

de préserver ton innocence de l'usure du temps

je t'ai regardé

je ne pourrais jamais verser des larmes à ta place mais je le ferais

si je le pouvais

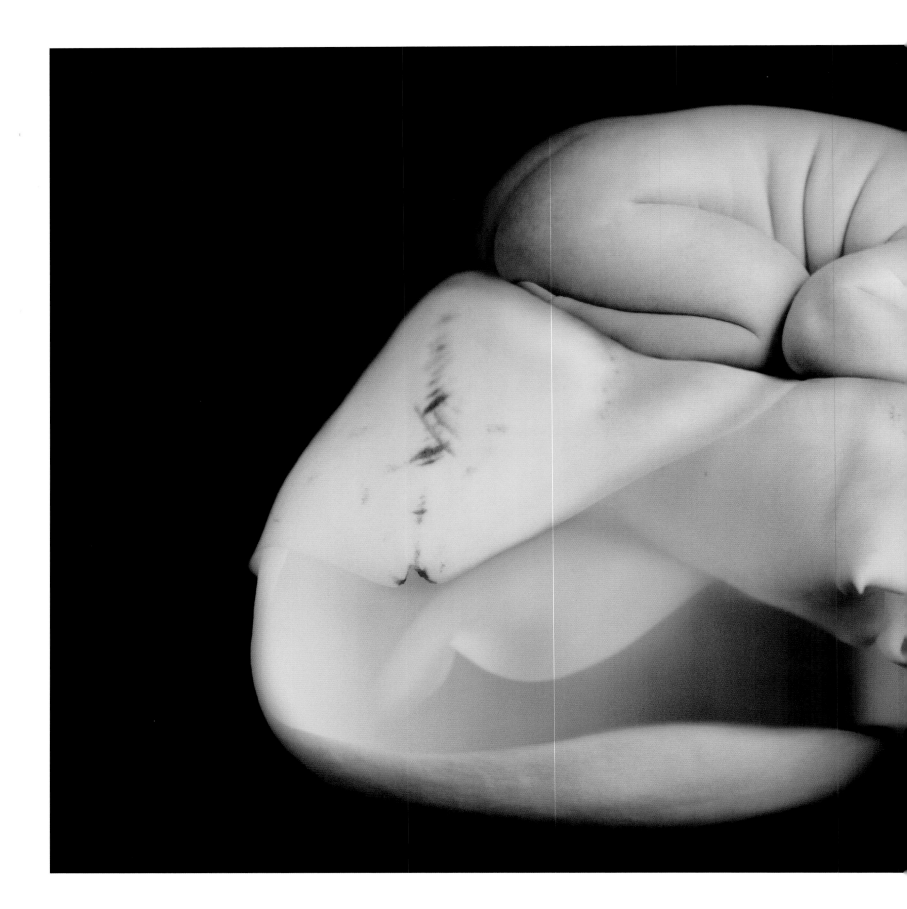

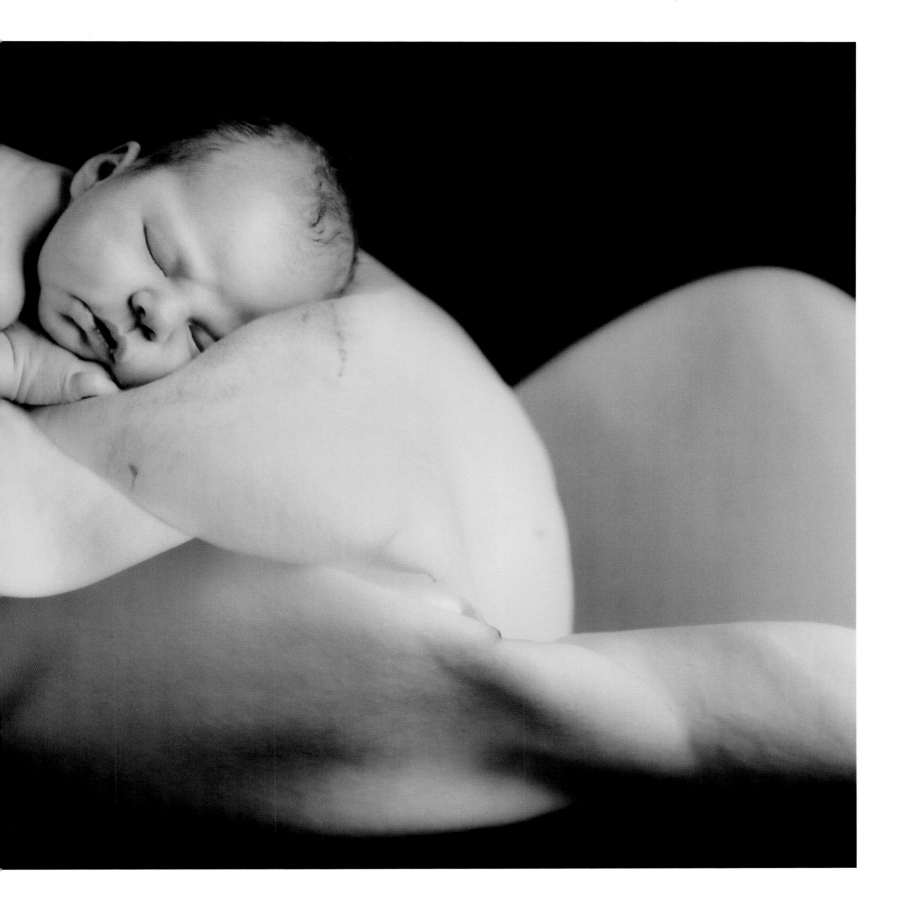

ne doit pas devenir ton destin

si je le pouvais

je changerais le monde que je t'ai offert

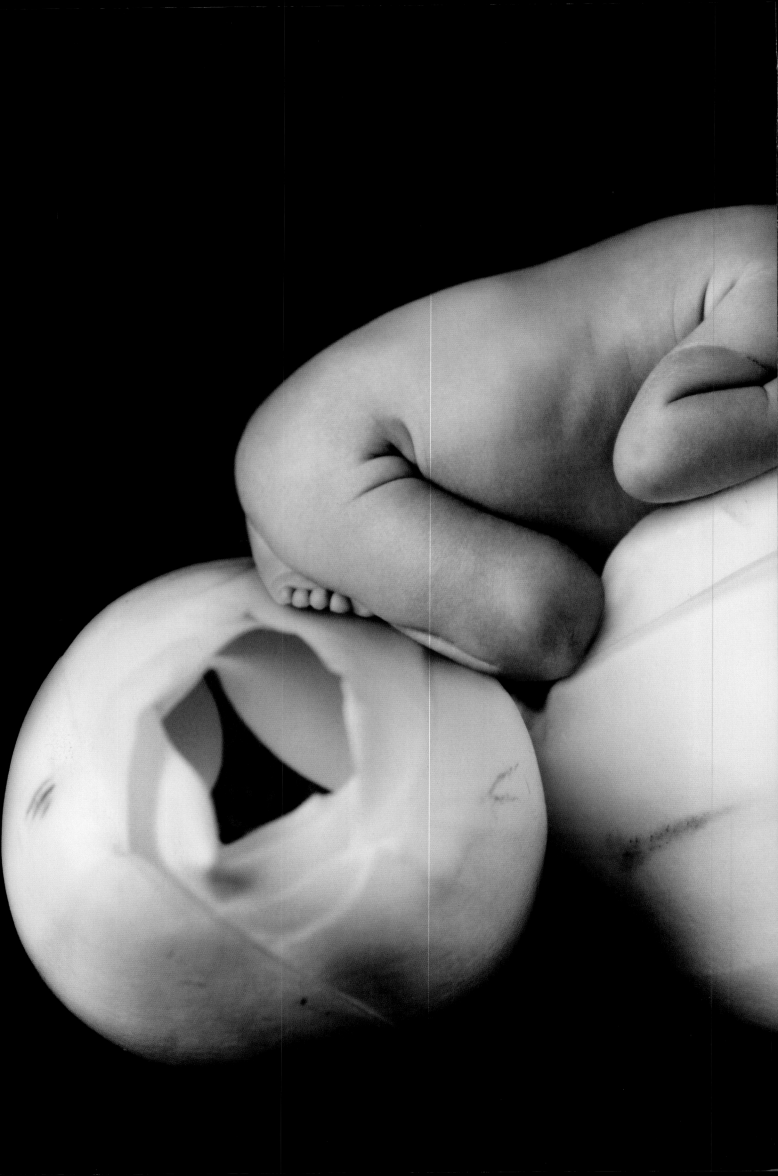

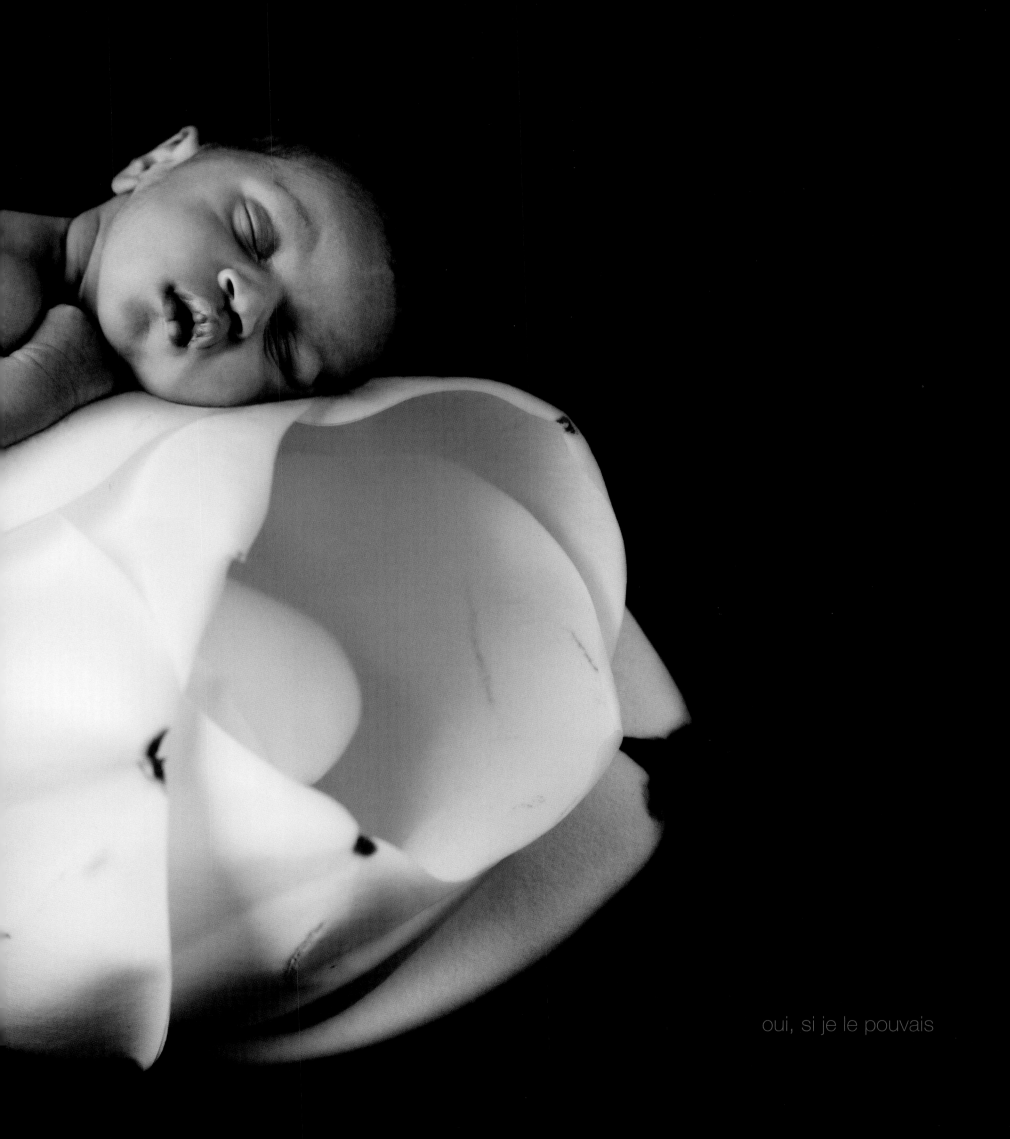

oui, si je le pouvais

what a wonderful world

see trees of green, red roses too
see them bloom for me and you
and I think to myself, what a wonderful world

see skies of blue and clouds of white
he bright blessed day, dark sacred night
and I think to myself, what a wonderful world

he colors of the rainbow, so pretty in the sky
are also on the faces of people going by
see friends shaking hands, saying "how do you do?"
hey're really saying "I love you"

hear babies crying, I watch them grow
hey'll learn much more than I'll ever know
and I think to myself, what a wonderful world
yes, I think to myself, what a wonderful world

see trees of green, red roses too
see them bloom for me and you
and I think to myself, what a wonderful world

je vois le vert des feuilles

et les roses rouges

je les vois s'épanouir pour toi et moi

je ne peux m'empêcher de penser : quel monde merveilleux

devant le bleu du ciel

et le blanc des nuages

je ne peux

m'empêcher de penser

les couleurs de l'arc-en-ciel

se reflètent sur le visage des passants

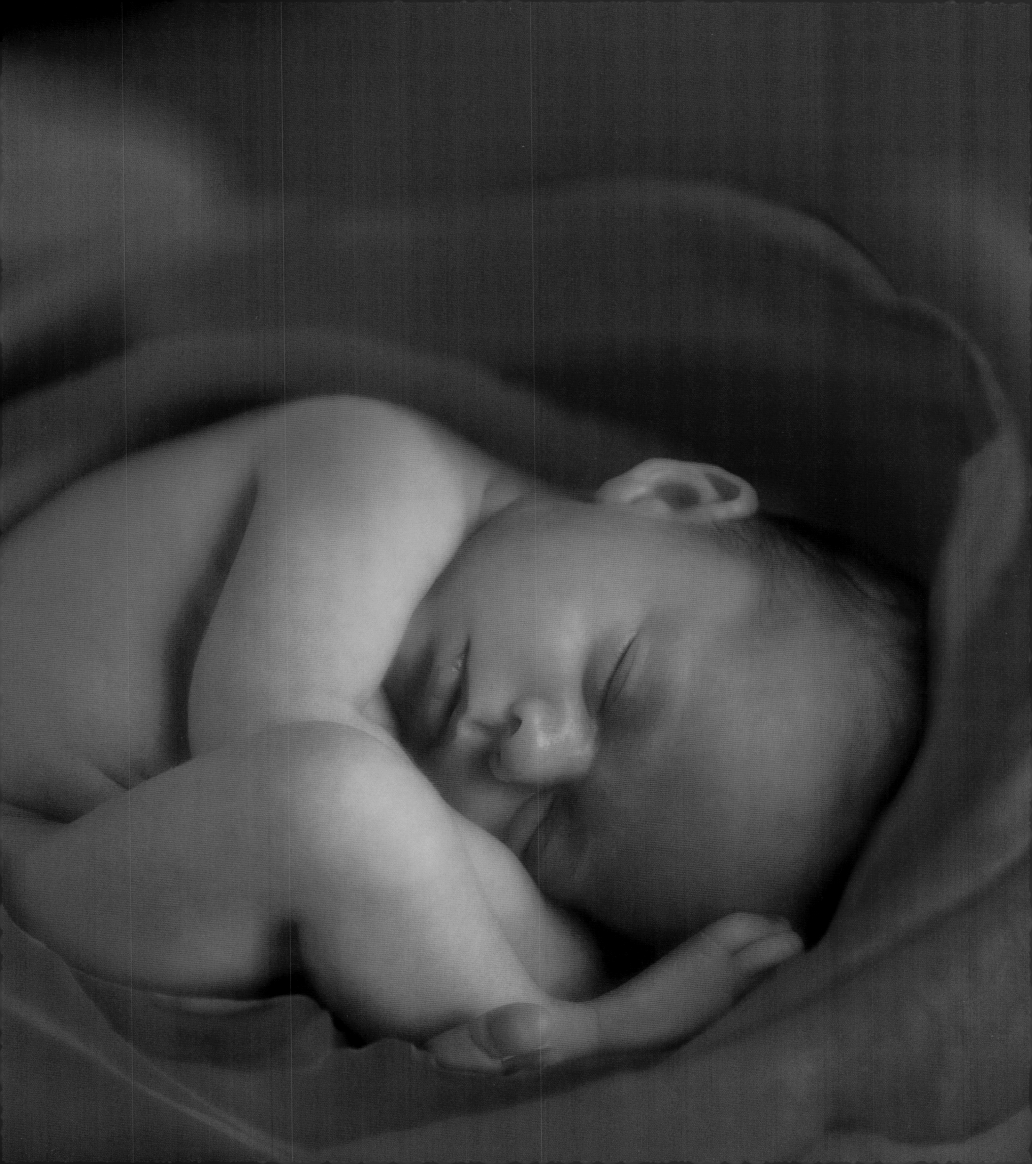

comme s'ils se disaient « je t'aime »

j'entends des bébés pleurer et *je les regarde grandir*

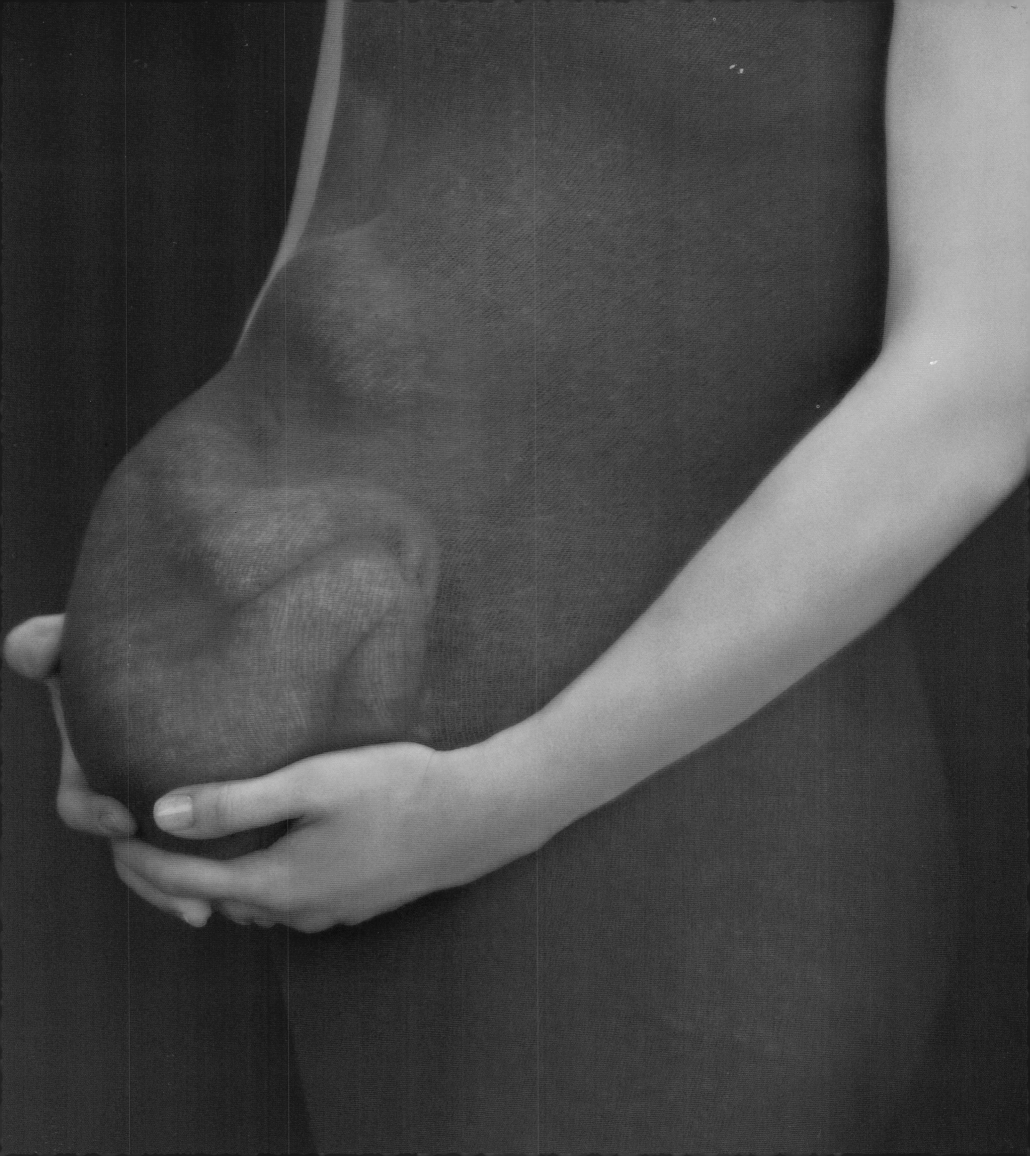

ils apprendront

tellement plus de choses que moi

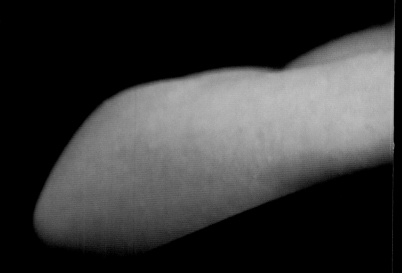

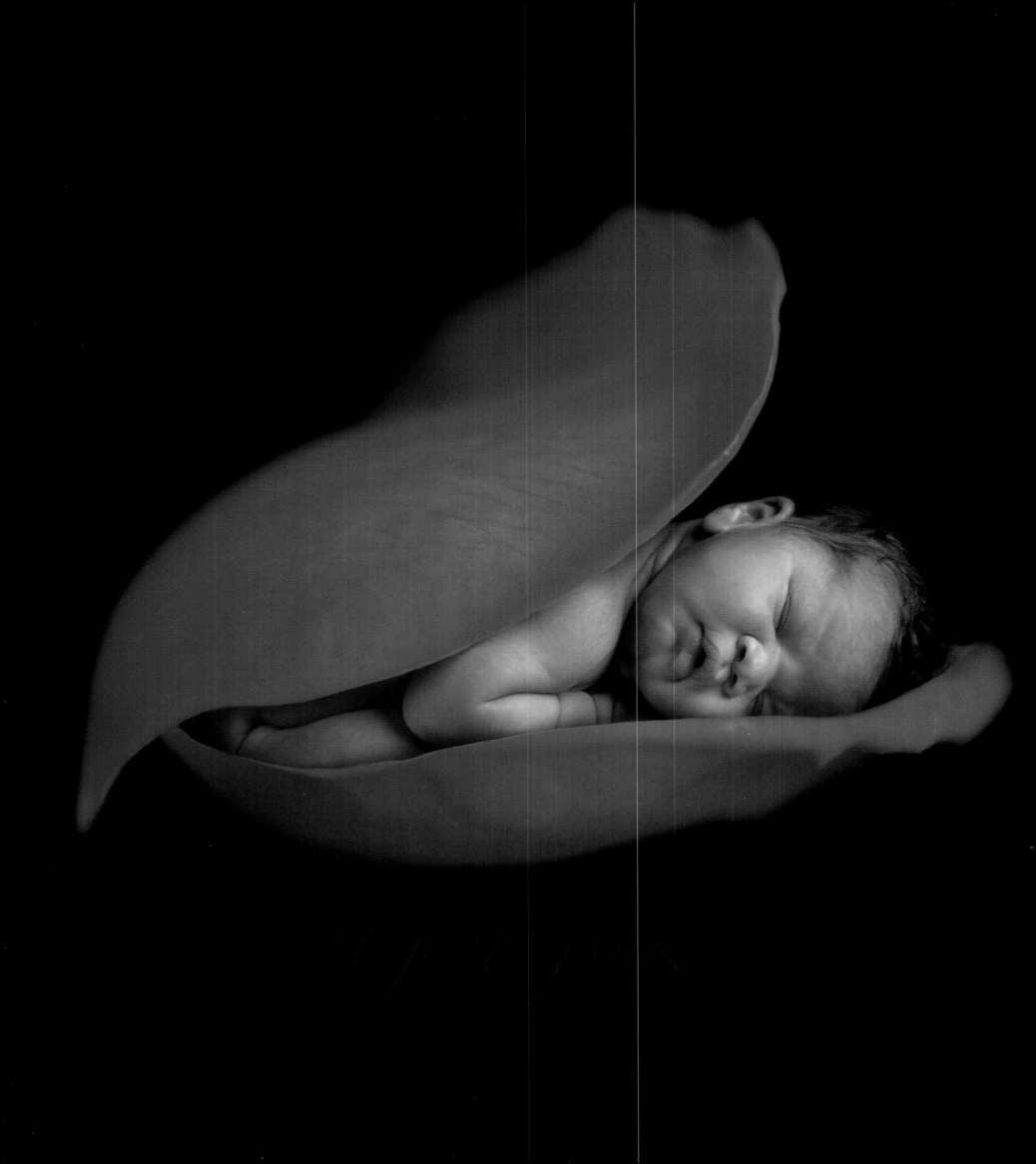

oui, je ne peux

m'empêcher de penser

miracle

you're my life's one miracle
everything I've done that's good
and you break my heart with tenderness
and I confess it's true
I never knew a love like this 'til you

you're the reason I was born
now I finally know for sure
and I'm overwhelmed with happiness
so blessed to hold you close
the one that I love most
though the future has so much for you in store
who could ever love you more?

the nearest thing to heaven
you're my angel from above
only God creates such perfect love

when you smile at me, I cry
and to save your life I'd die
with a romance that is pure in heart
you are my dearest part
whatever it requires
I live for your desires
forget my own, your needs will come before
who could ever love you more?

there is nothing you could ever do
to make me stop loving you
and every breath I take
is always for your sake
you sleep inside my dreams and know for sure
who could ever love you more?

tu es le grand miracle de ma vie

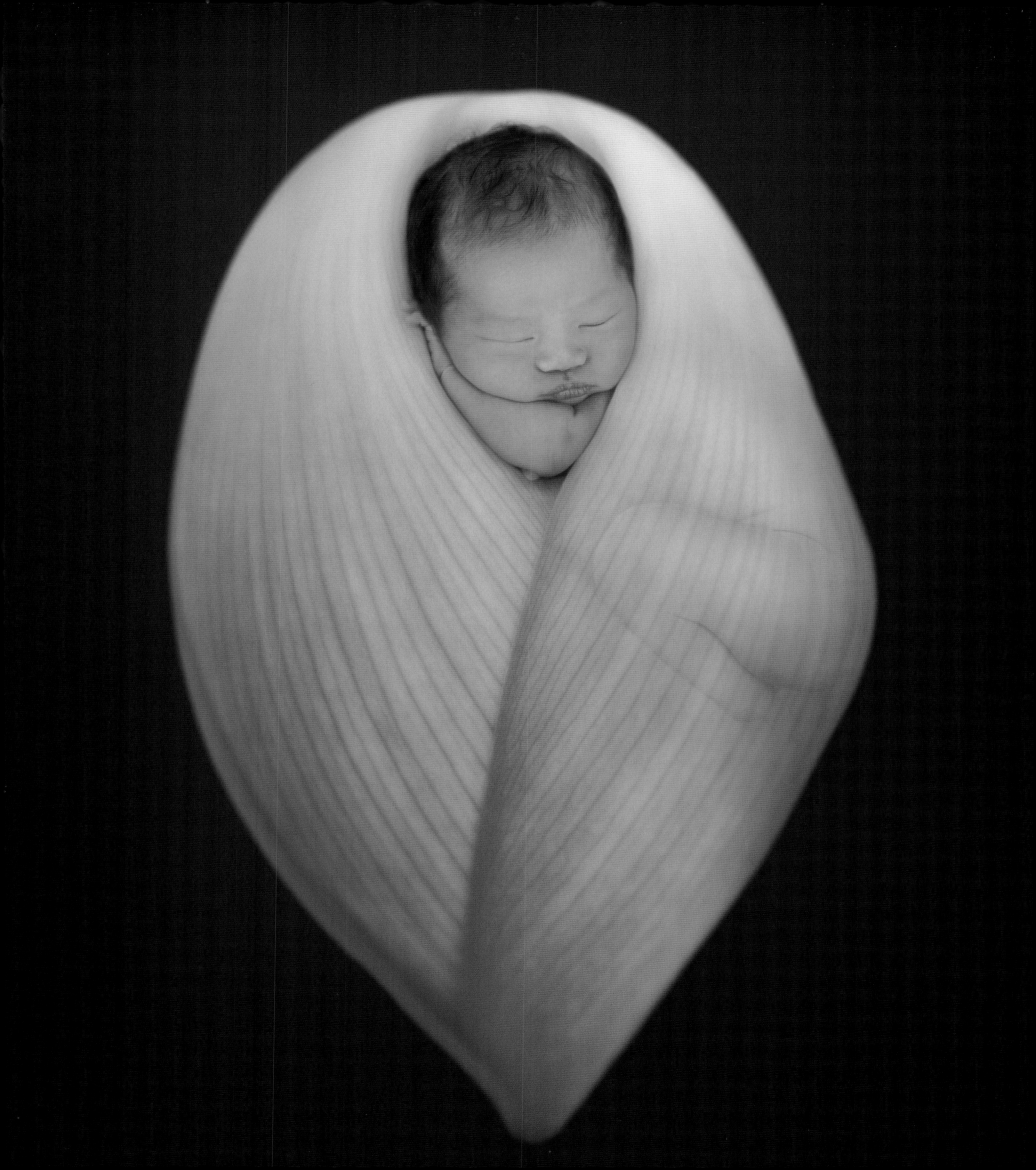

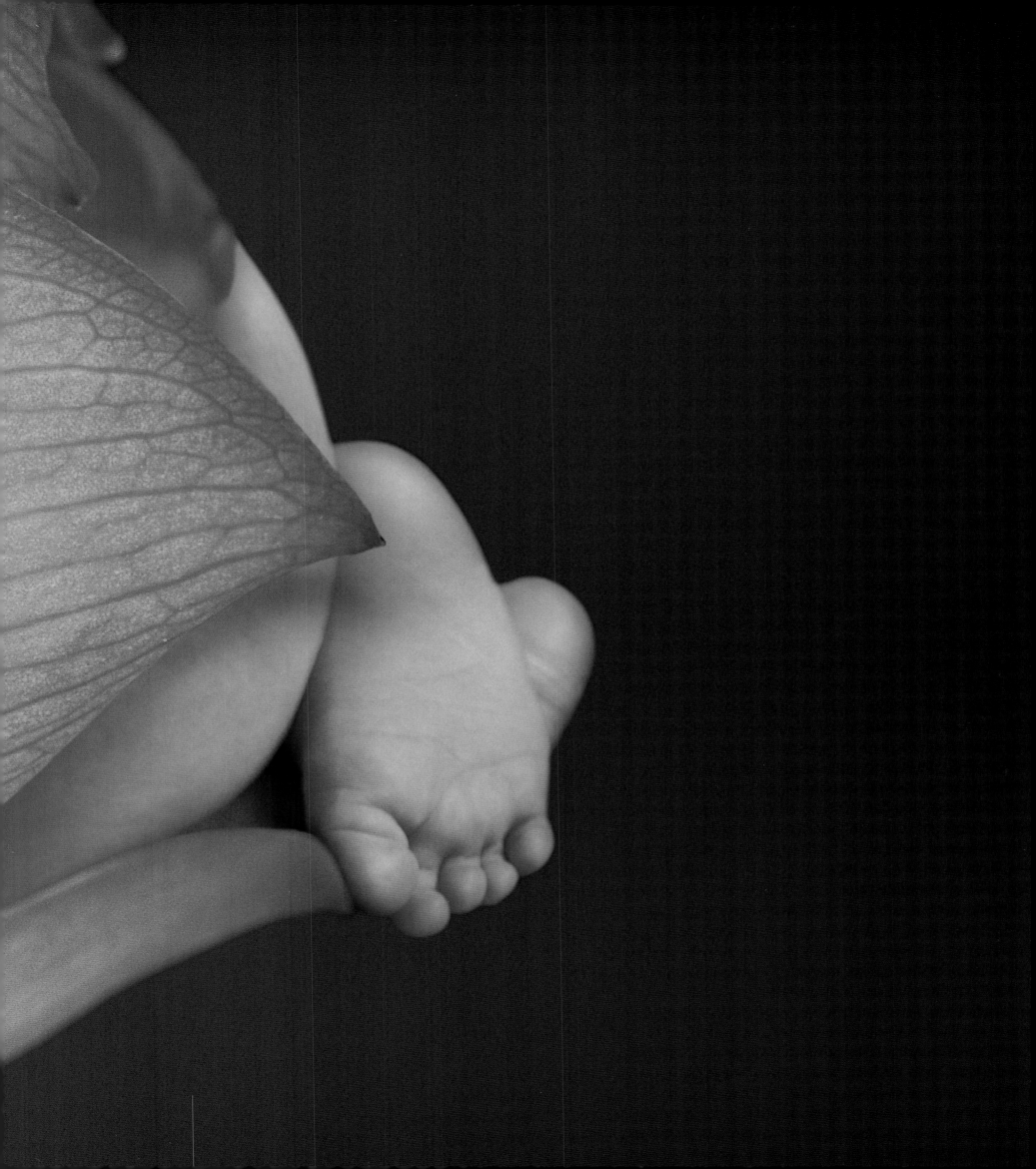

ma raison
d'être
tu es ma raison d'être

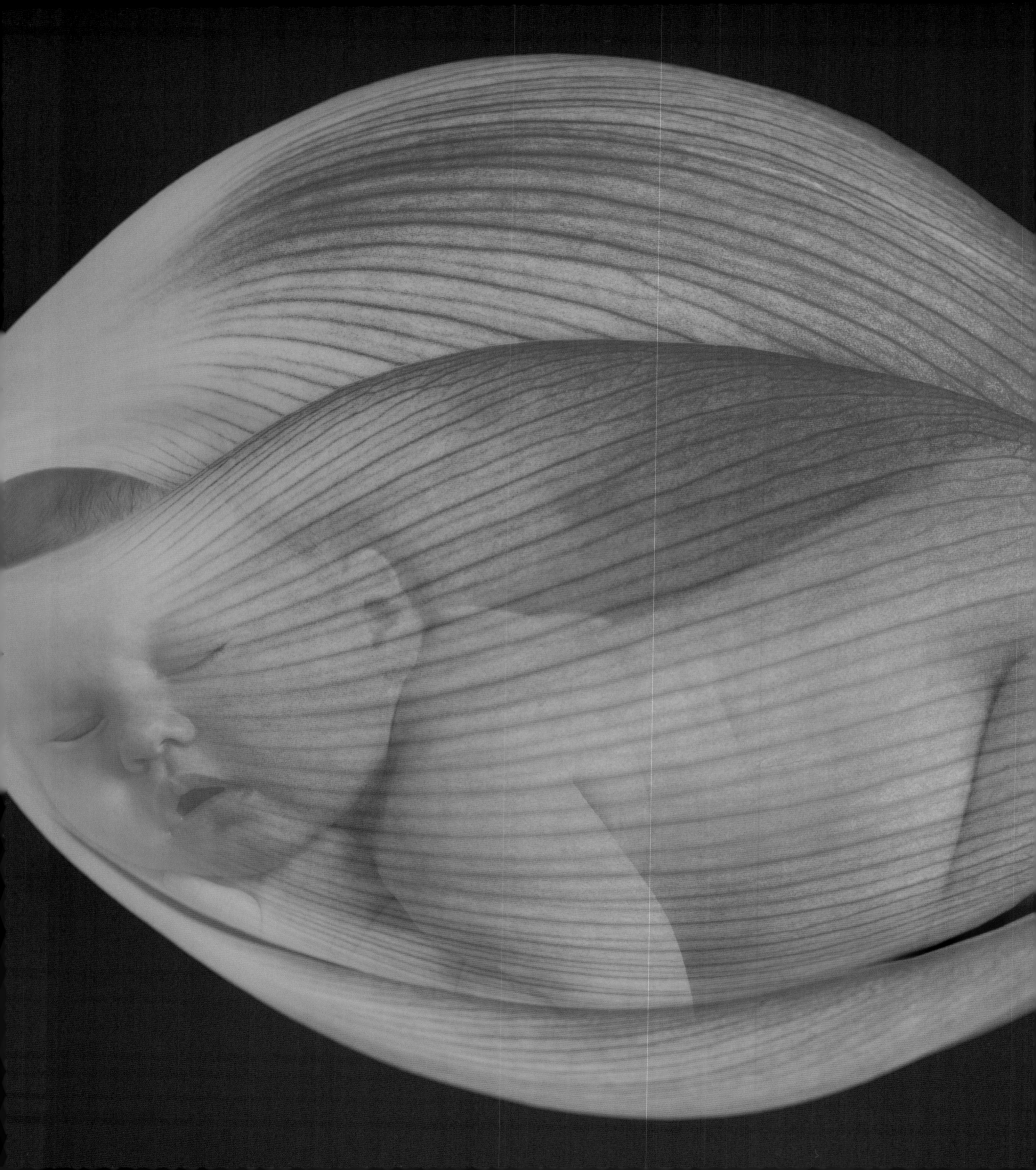

dans mes bras quand je te tiens serré

amour de mon cœur

tu es la meilleure part de moi-même

je veux combler tous tes désirs

en oubliant les miens

qui d'autre pourrait *aimer plus que moi?*

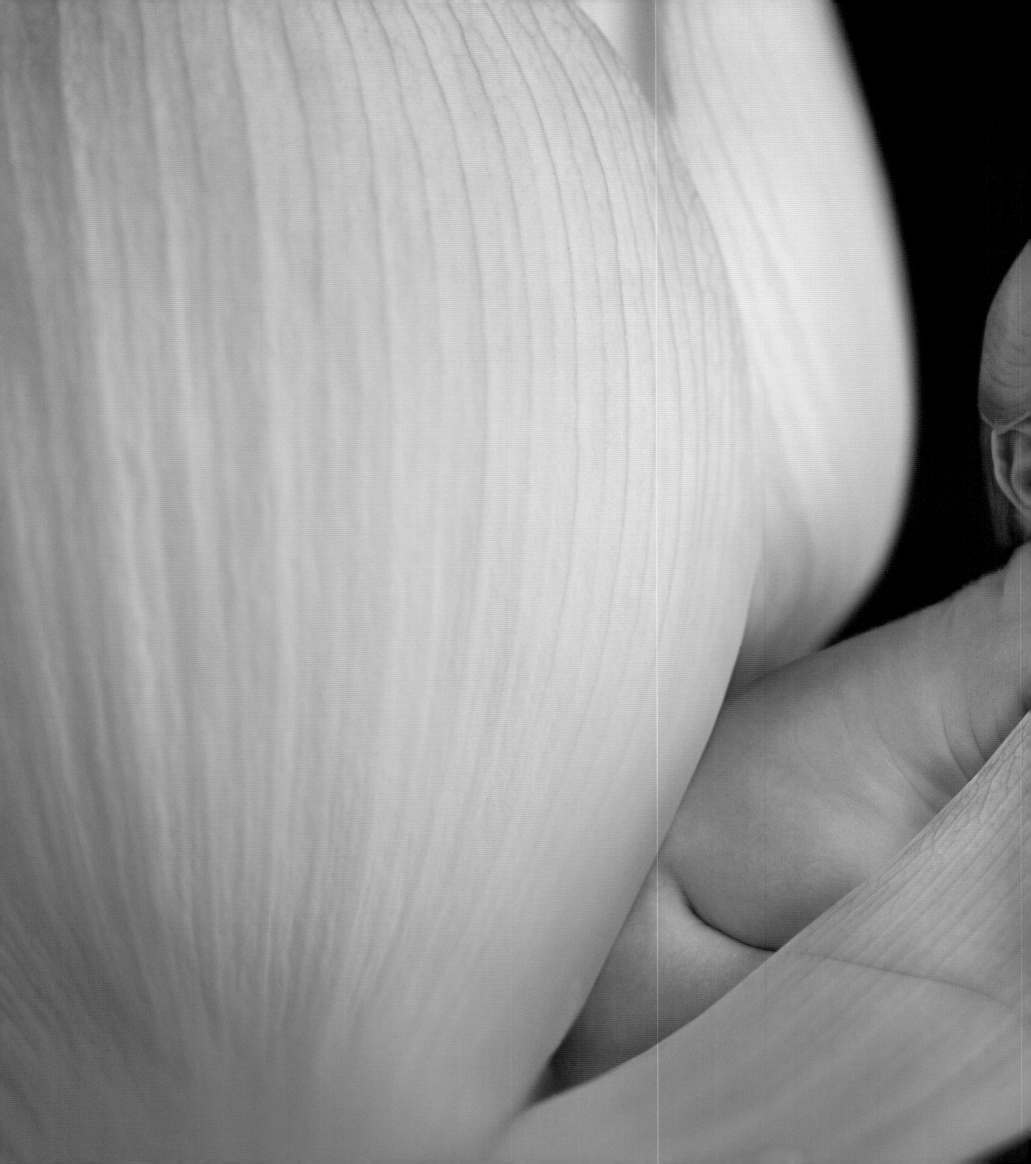

à chaque instant de ma vie, c'est pour toi que je respire

ton image remplit mes rêves
rêves
et n'oublie jamais

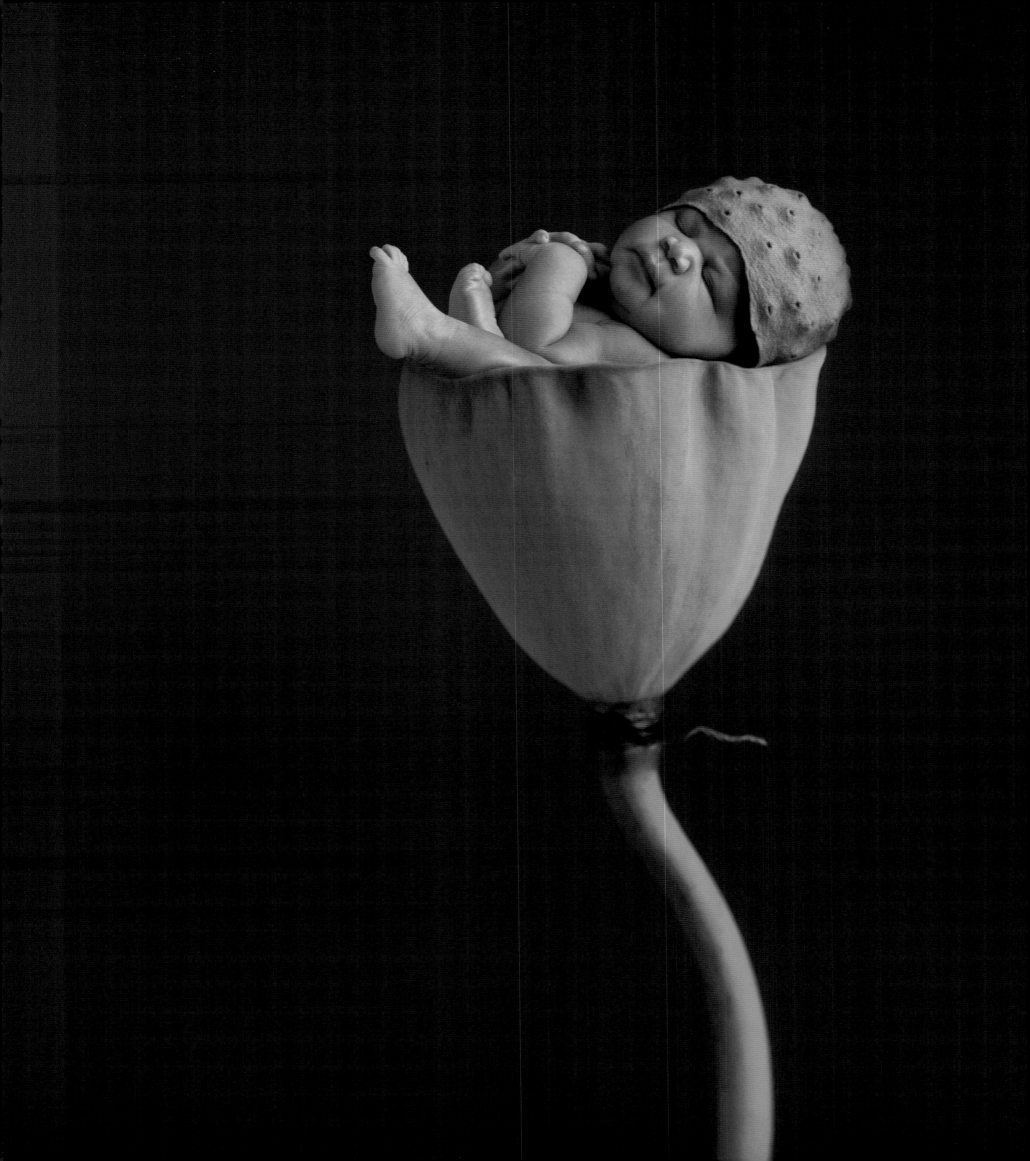

qui d'autre pourrait *câliner plus que moi?*

come to me

I will always love you
no matter what
no matter where you go
or what you do
knowing you
you gonna have to do things your own way
and that's okay
so be free
spread your wings
and promise me
just one thing

(chorus)
if you ever need a place to cry
baby come to me
come to me
I've always known that you were born to fly
but you can come to me
if the world breaks your heart
no matter where on earth you are
you can come to me

don't walk around
with the world on your shoulders
and your highest hopes
laying on the ground
I know you think
you've gotta try to be my hero
but don't you know
the stars you wish upon
they fall that's true
but I still believe in you

(chorus)

and those seven seas you sail
or the winding road you roam
leave you lost and feeling all alone
let my heart be your beacon home

(chorus)

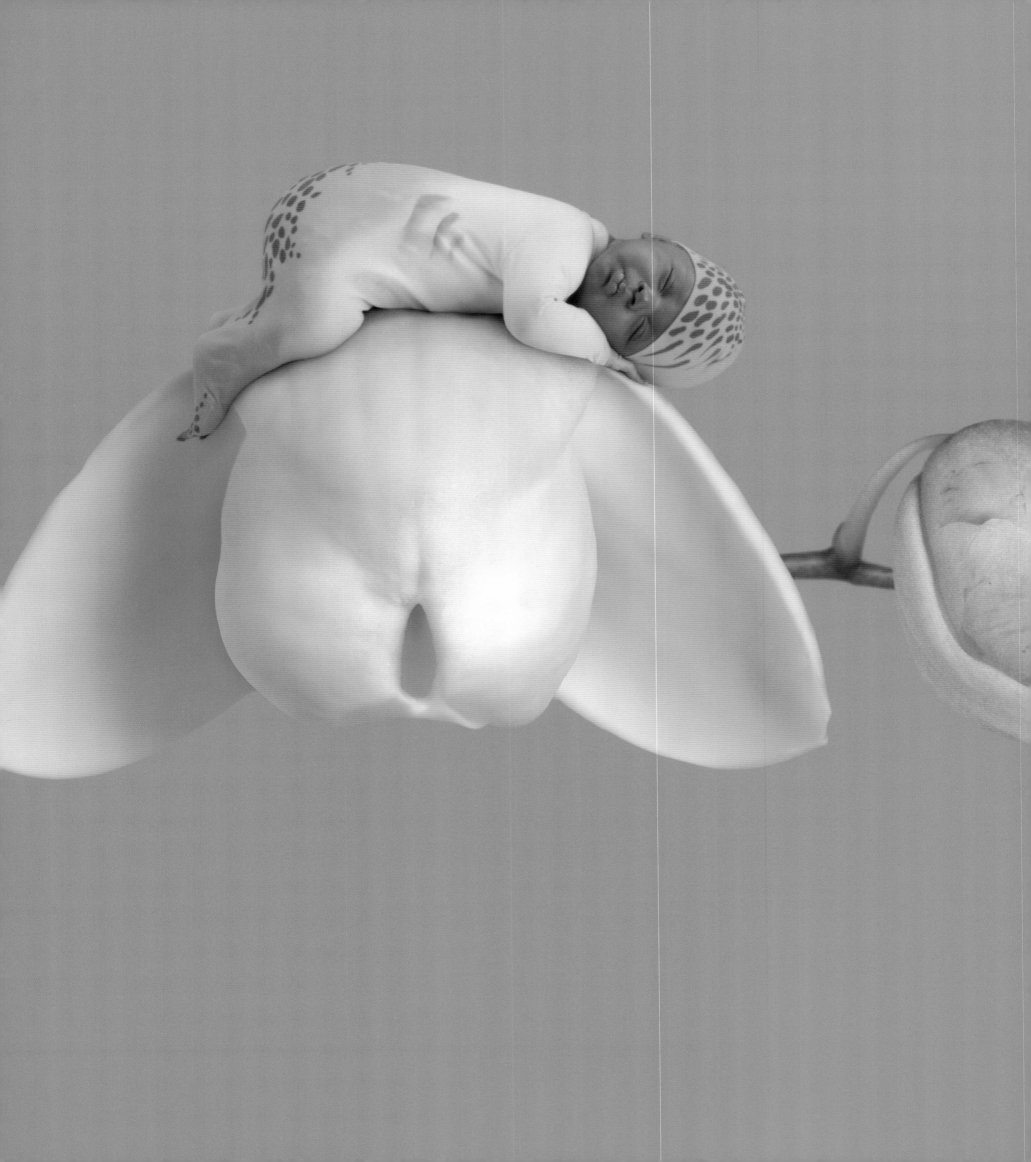

je t'aimerai je t'aime toujours

où que tu ailles *je t'aime* et quoi que tu fasses

sois libre
déploie tes ailes

mon bébé

viens dans mes bras

Toujours

je croirai en toi

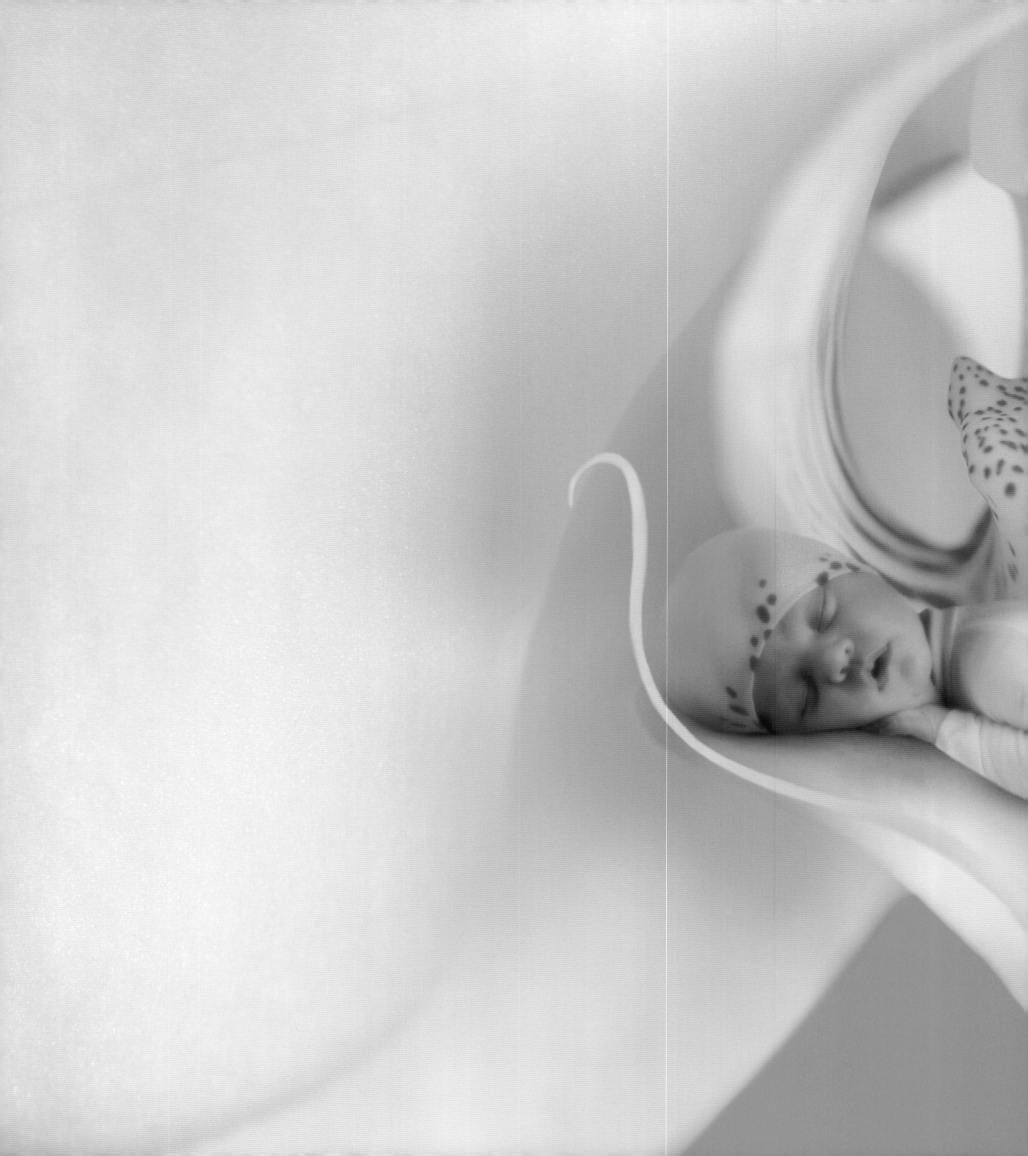

tu étais né pour t'envoler, alors

envole-toi

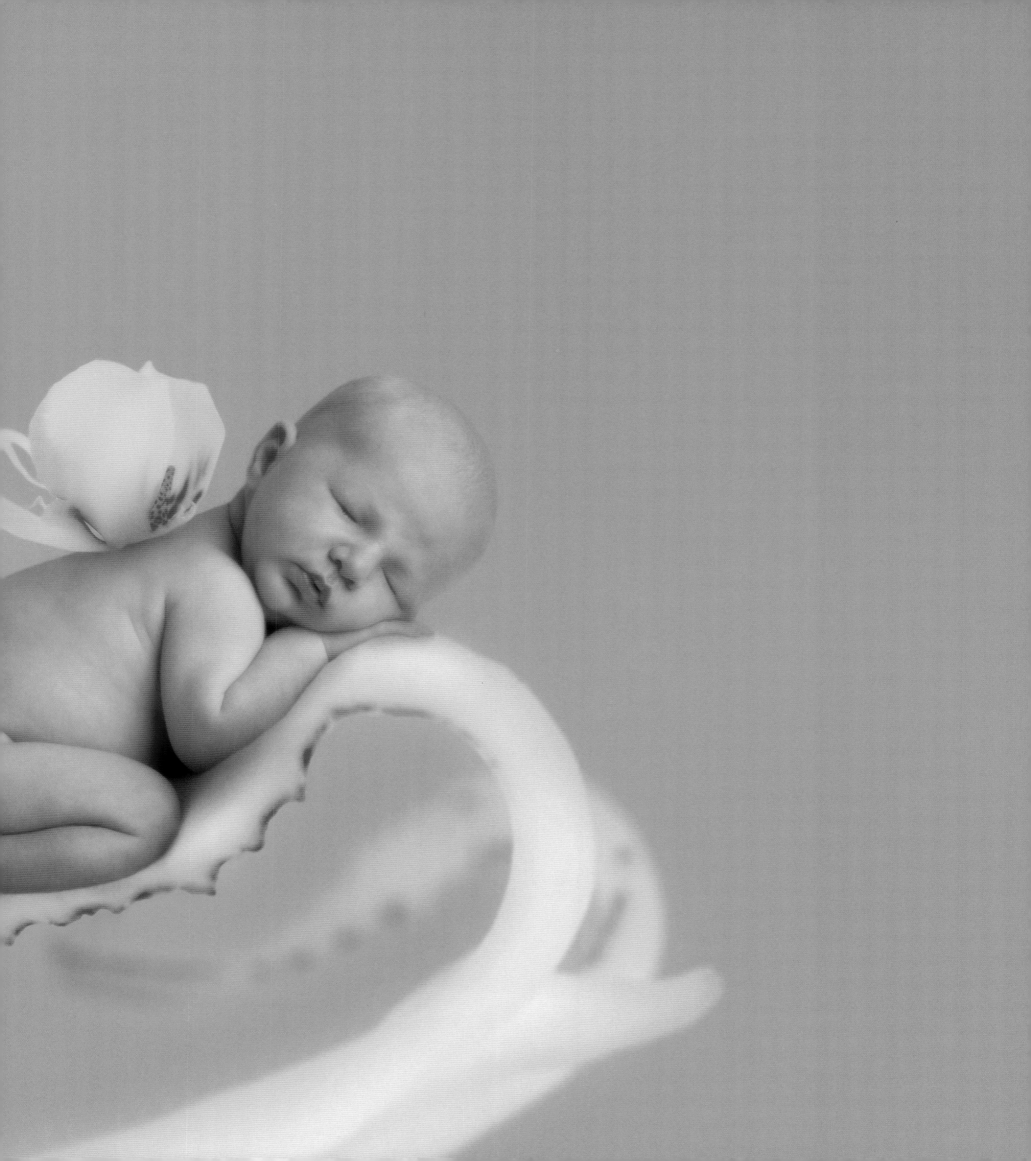

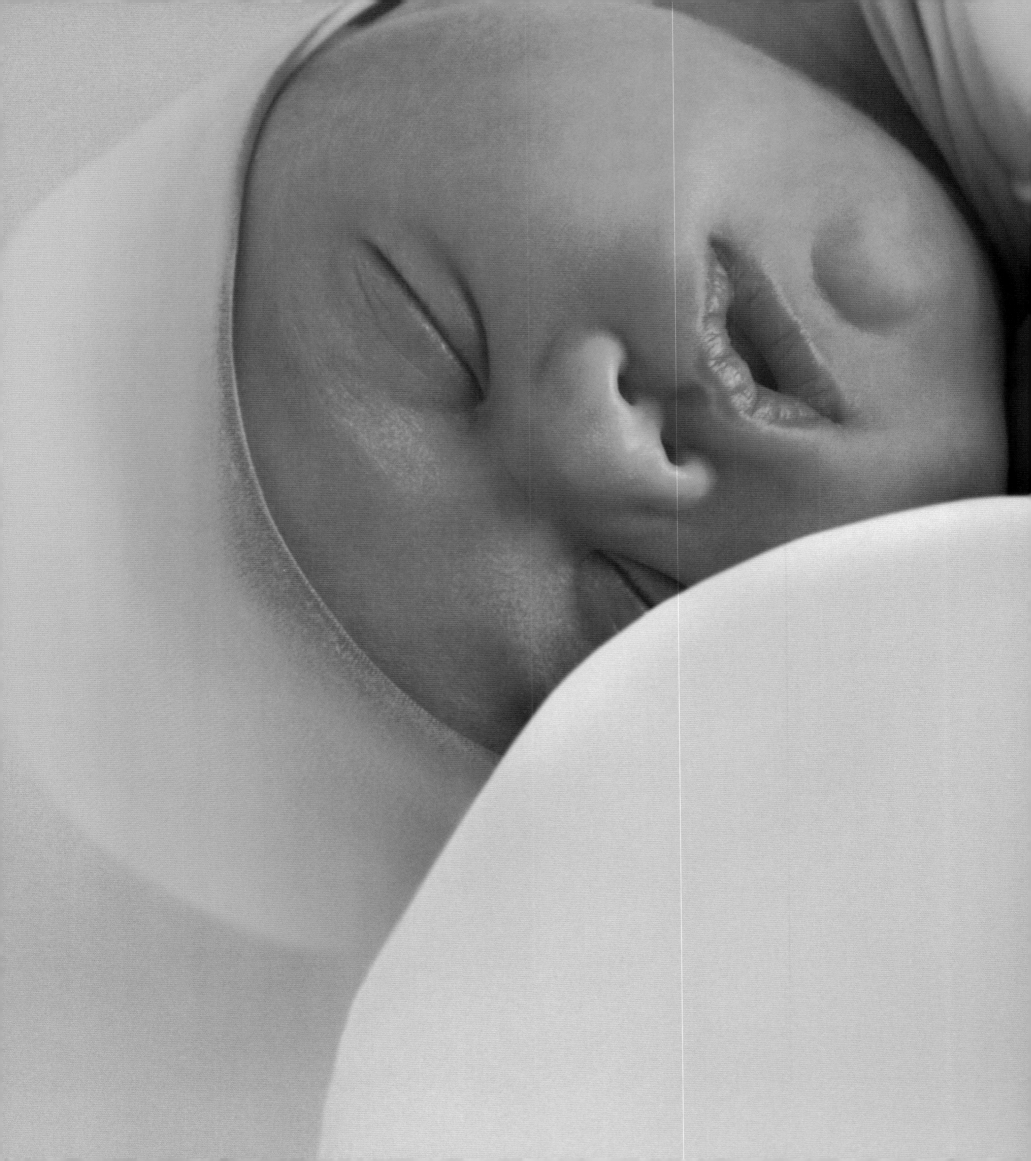

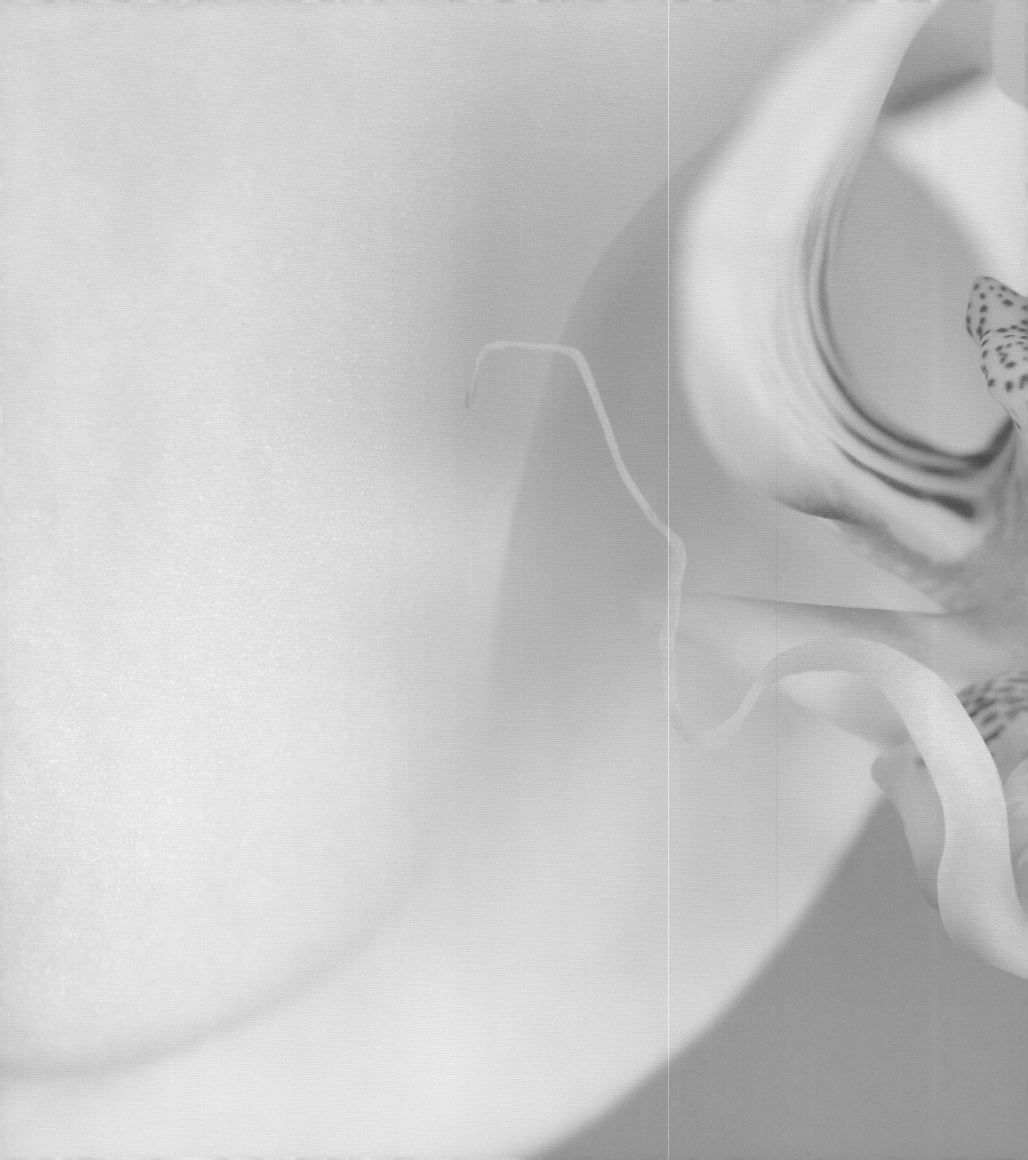

souviens-toi que mon cœur est ton

viens dans mes bras
dans mes bras

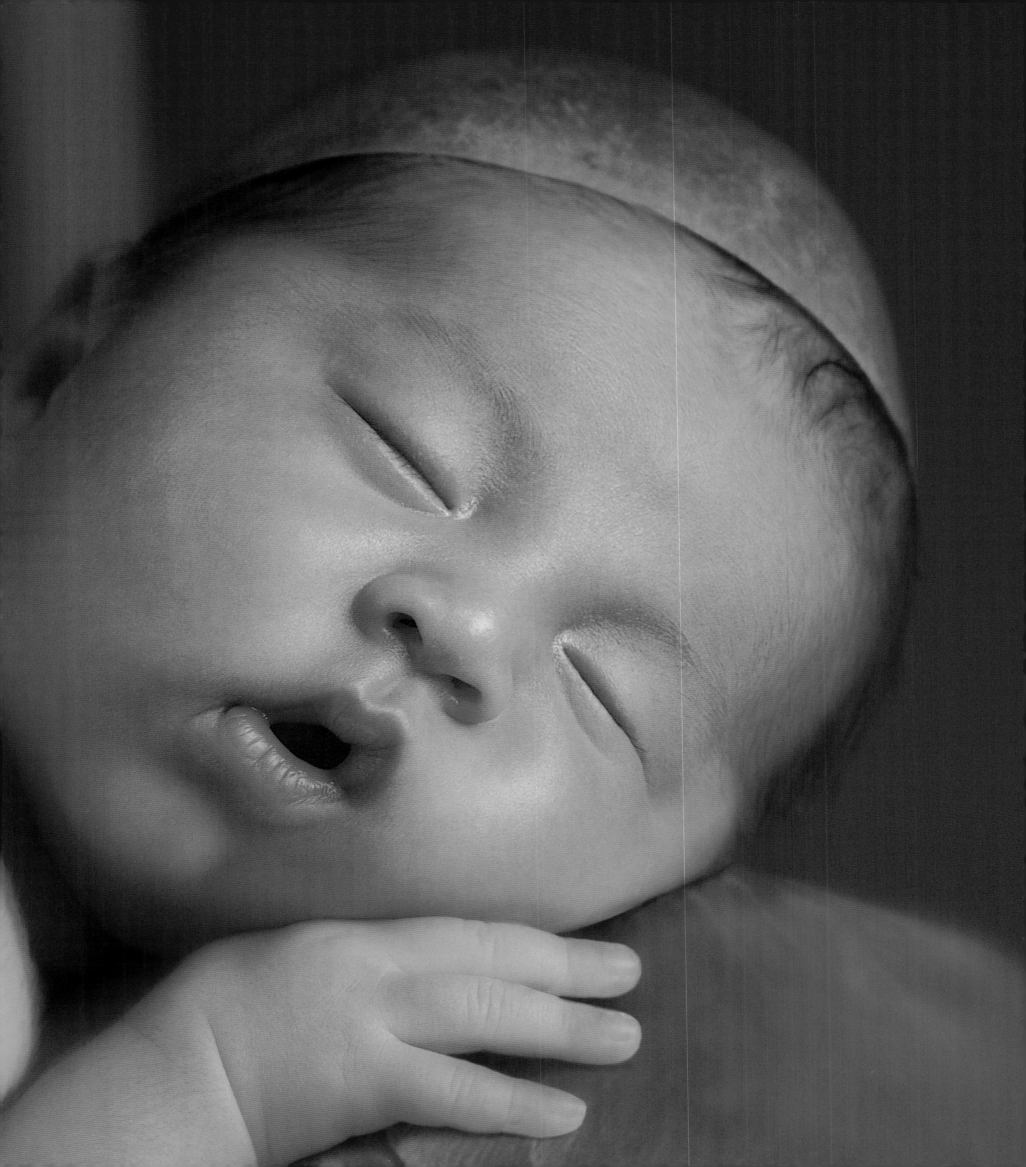

sleep tight

now hush
my little one
don't be afraid
your daddy's right here

it's just
a little dream
and now it's gone
there's nothing to fear

so close your eyes
I'll sing a sweet lullaby
lay your head close to my heart

(chorus)
and sleep tight
the angels hover over you
they spread their wings
to keep you safe and warm
the starlight
in the heavens high above you
will light a path
to find your way back home
sleep tight

and now
my sleepy head
your carriage waits
to take you off to bed

let go
your tiny hands
and drift away
to a bright enchanted land

I promise you
your sweetest dreams will come true
now leave this weary world behind

(chorus)

so close your eyes
and wish upon the brightest star
'cause when you dream
it doesn't matter where you are
near to me or very far
I'll always be with you

(whispered)
sleep tight
sleep tight
sleep tight

(chorus)

yeah I'll keep you safe
safe and warm

mon tout petit, ne crains plus rien

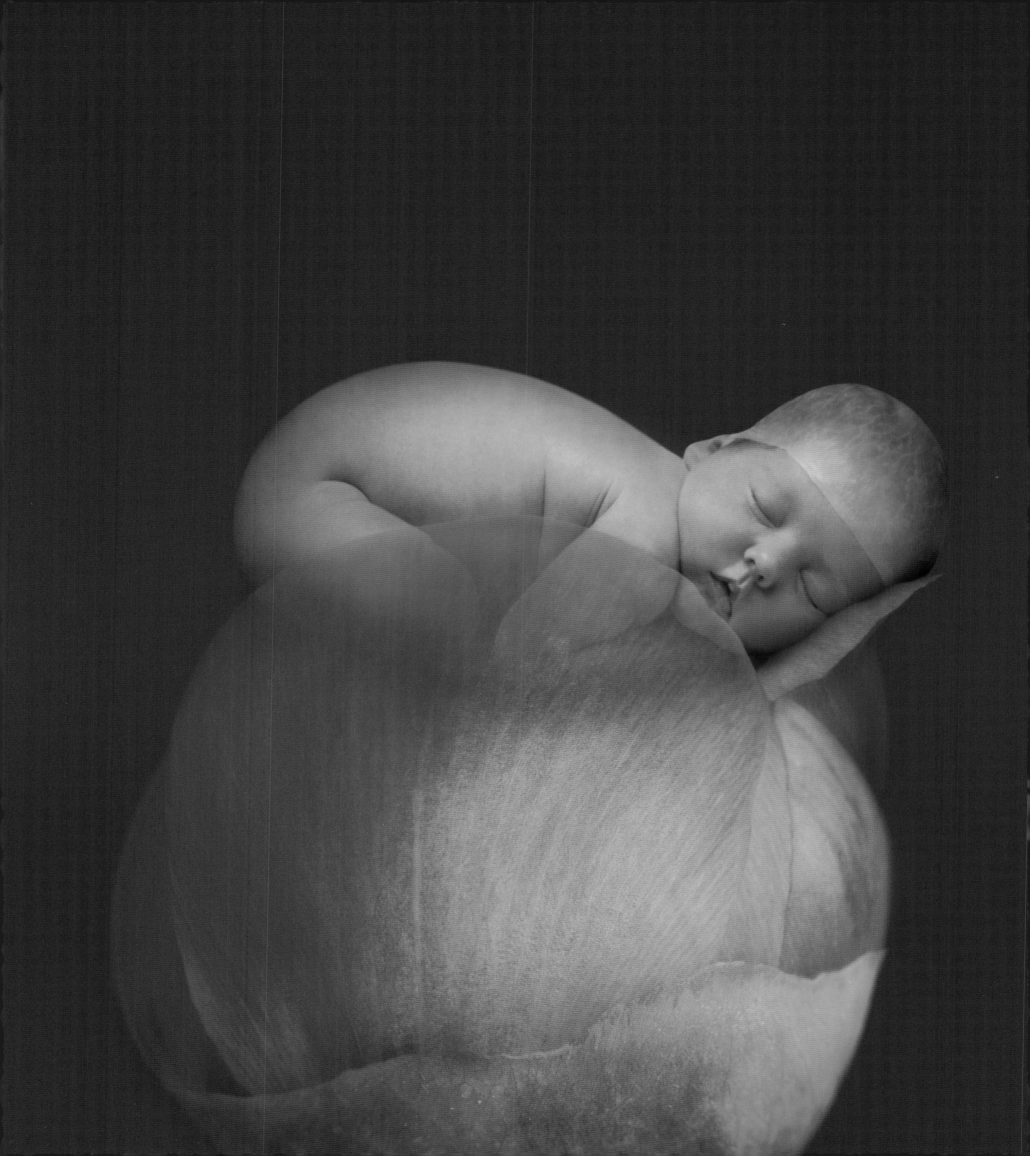

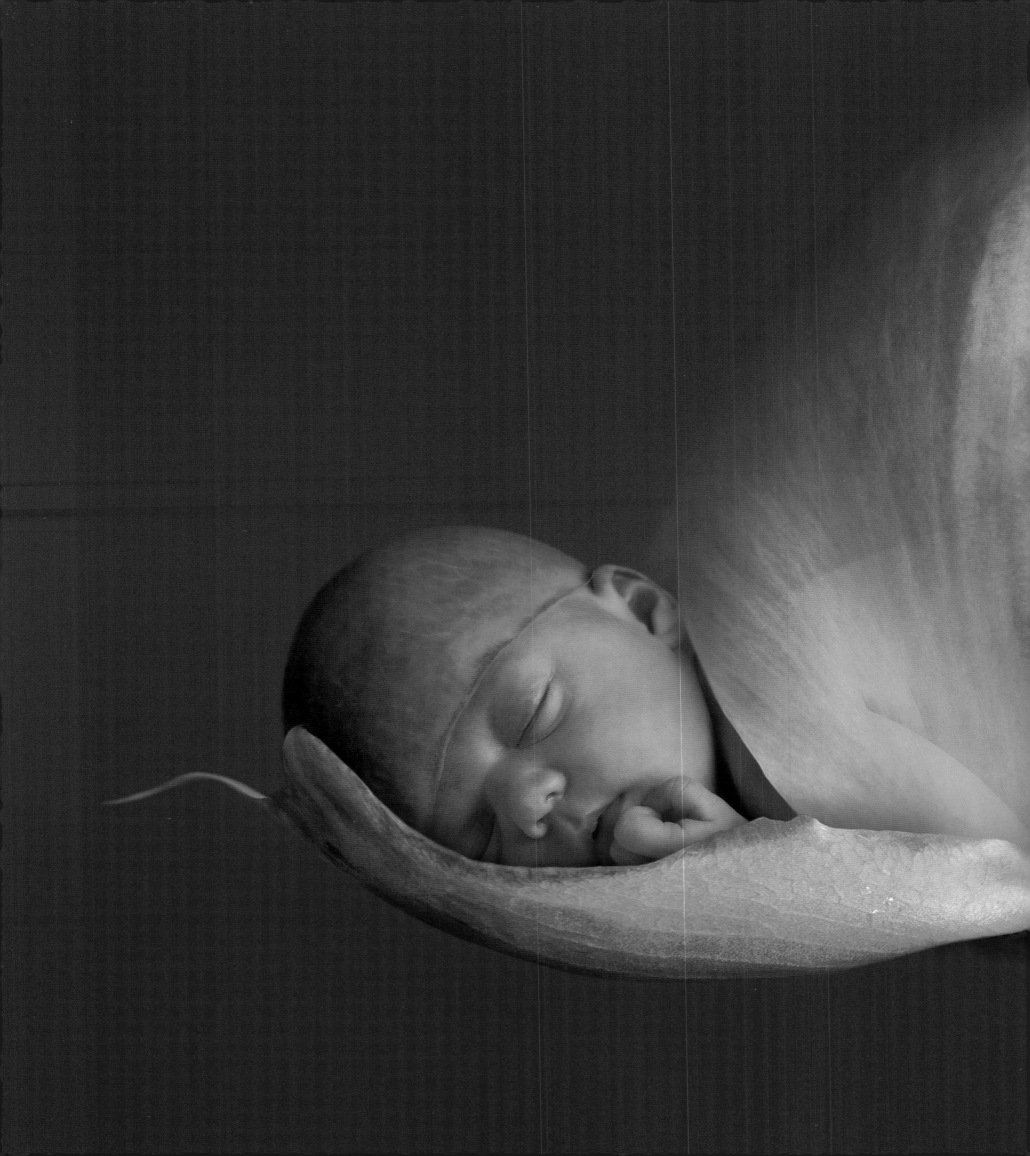

je vais te chanter une berceuse

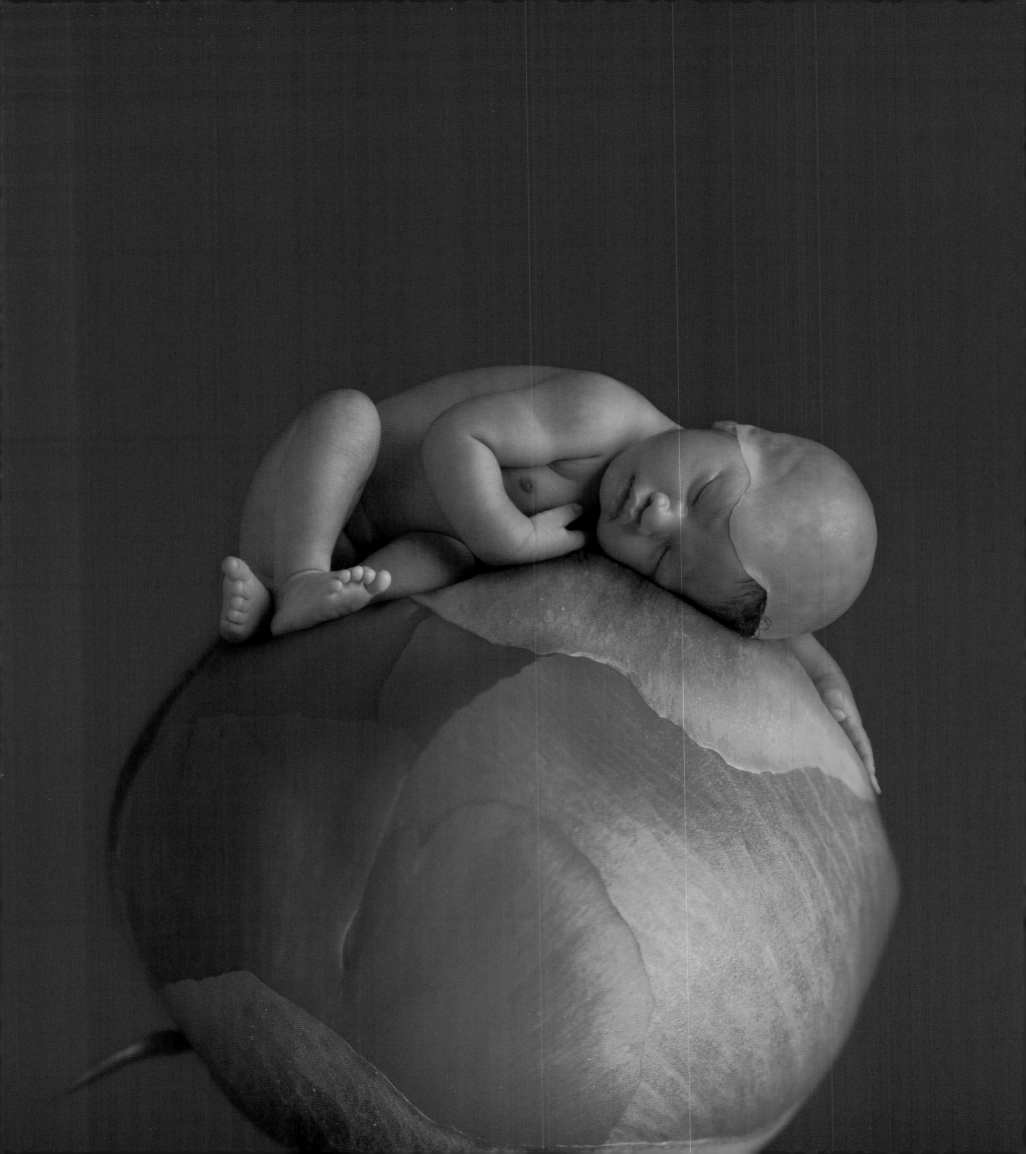

pour te garder au chaud

mon petit
ton carrosse t'attend pour rejoindre ton lit
endormi

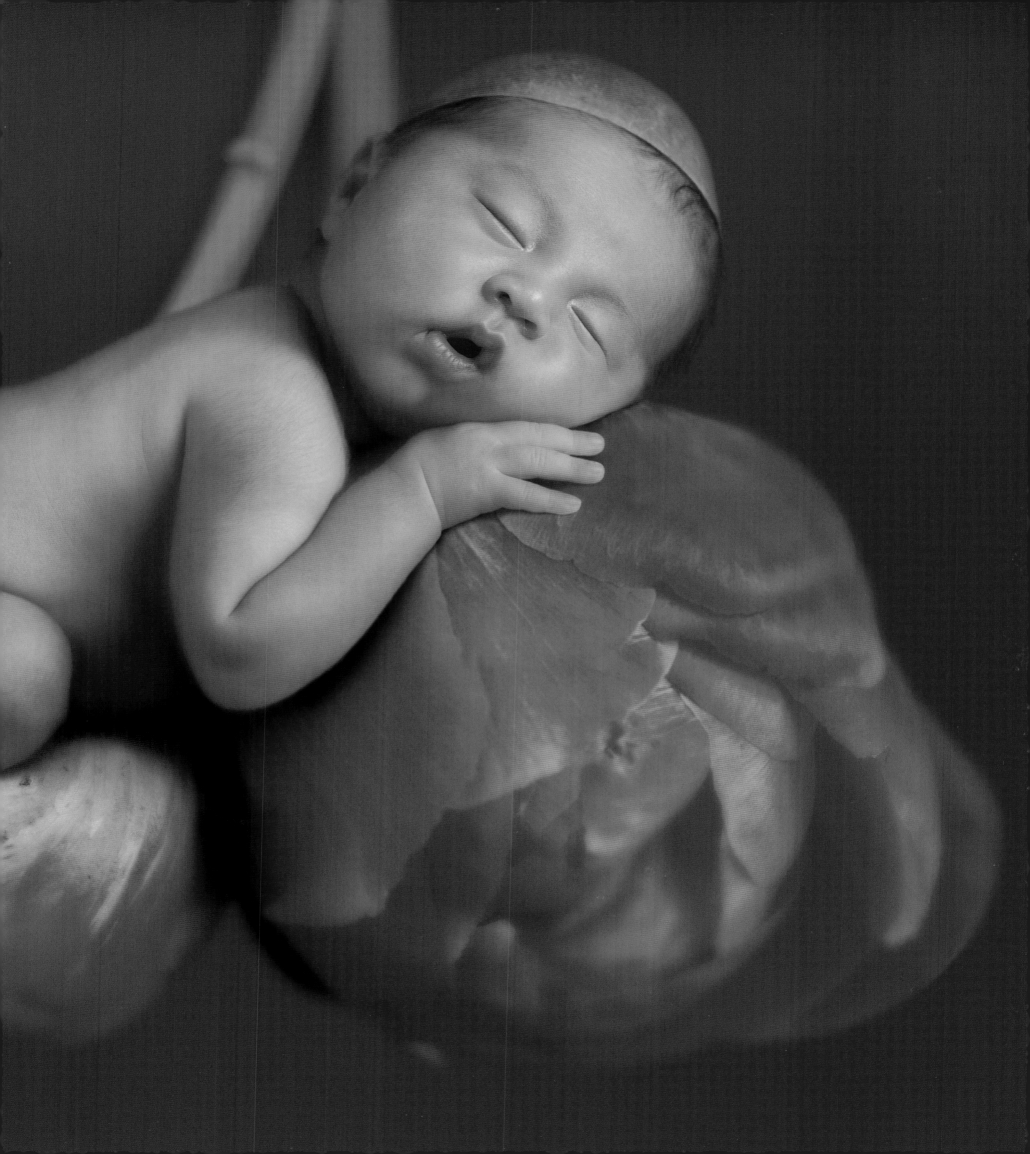

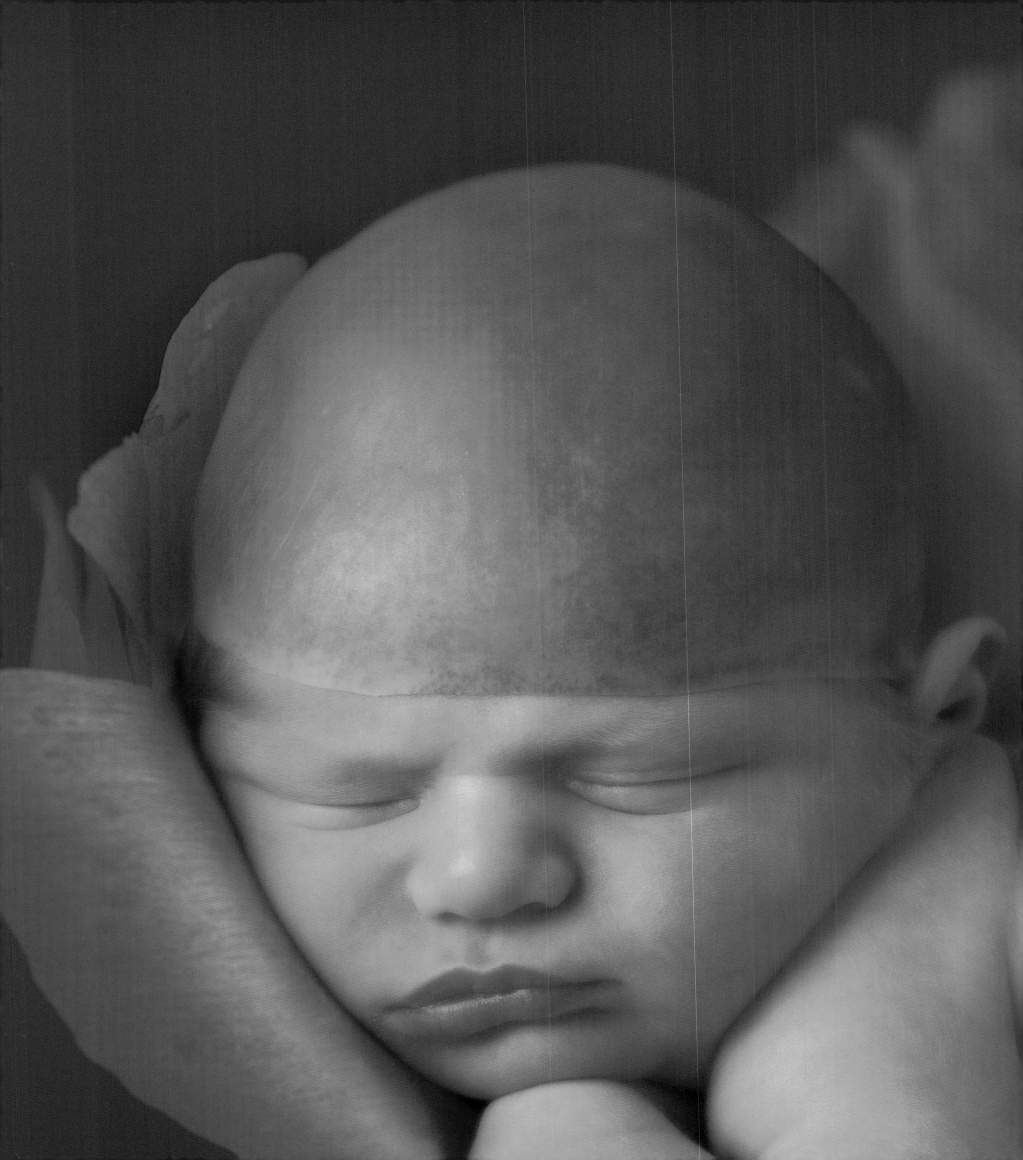

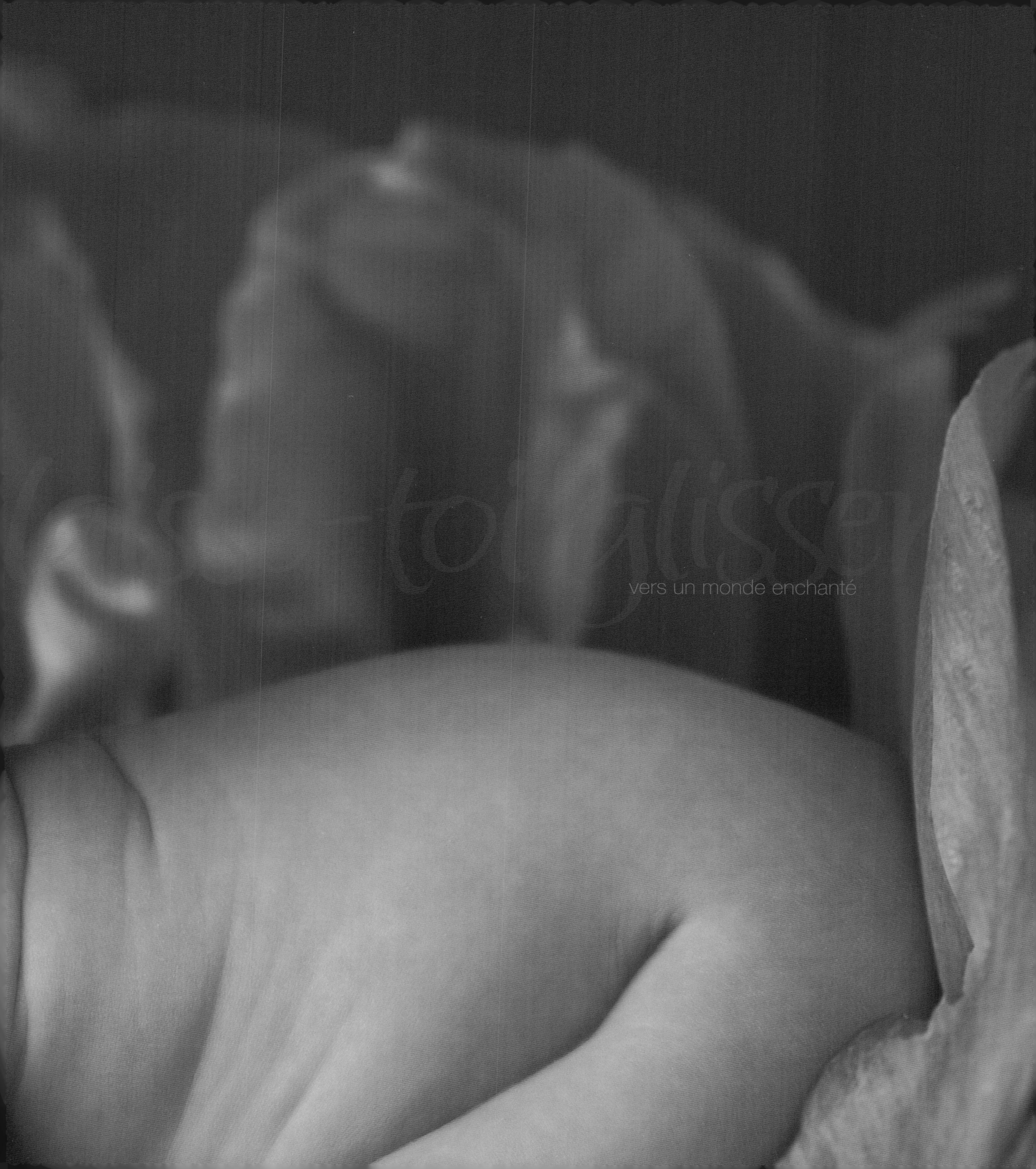
vers un monde enchanté

tes rêves
deviendront réalité
les plus doux

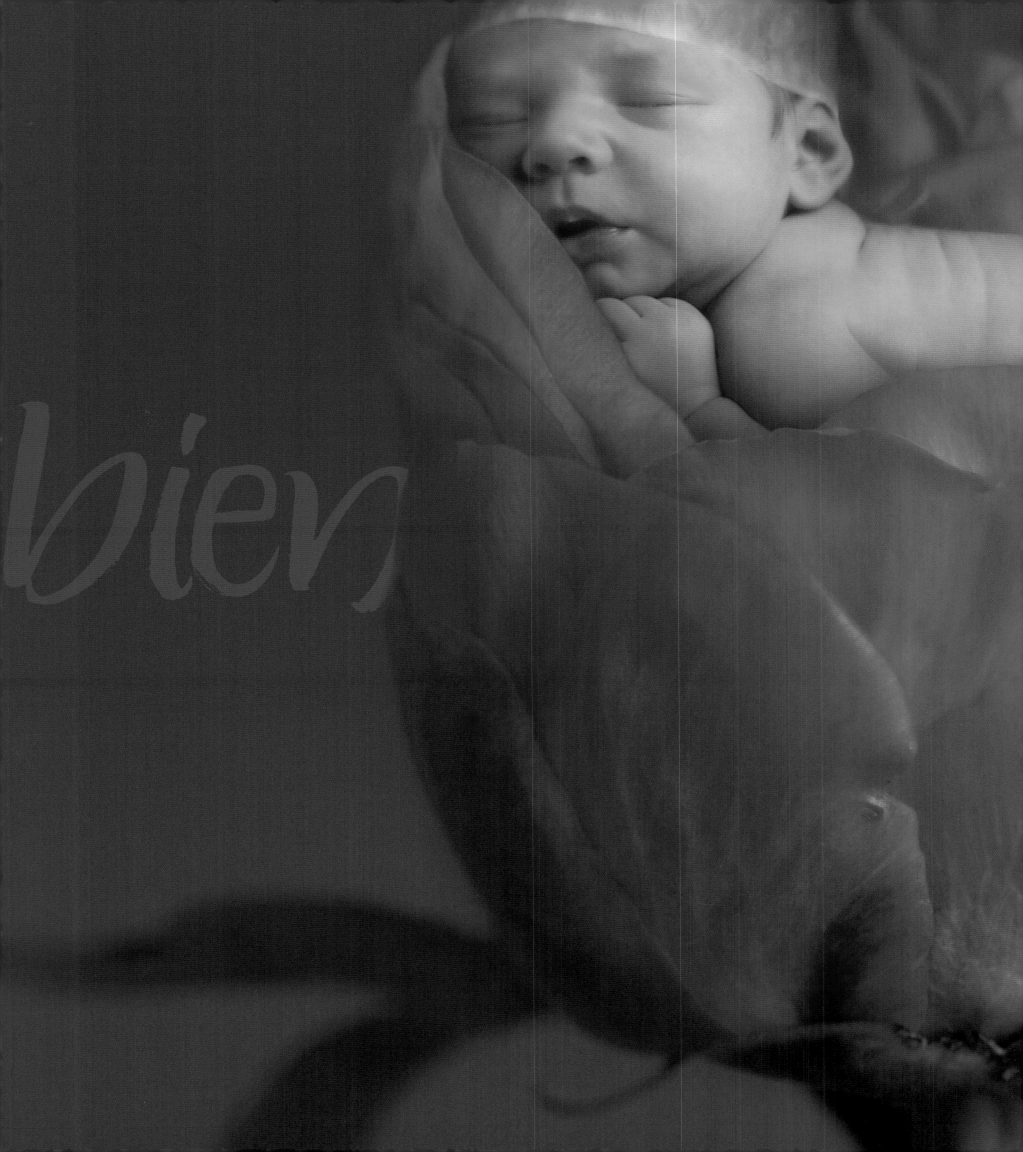

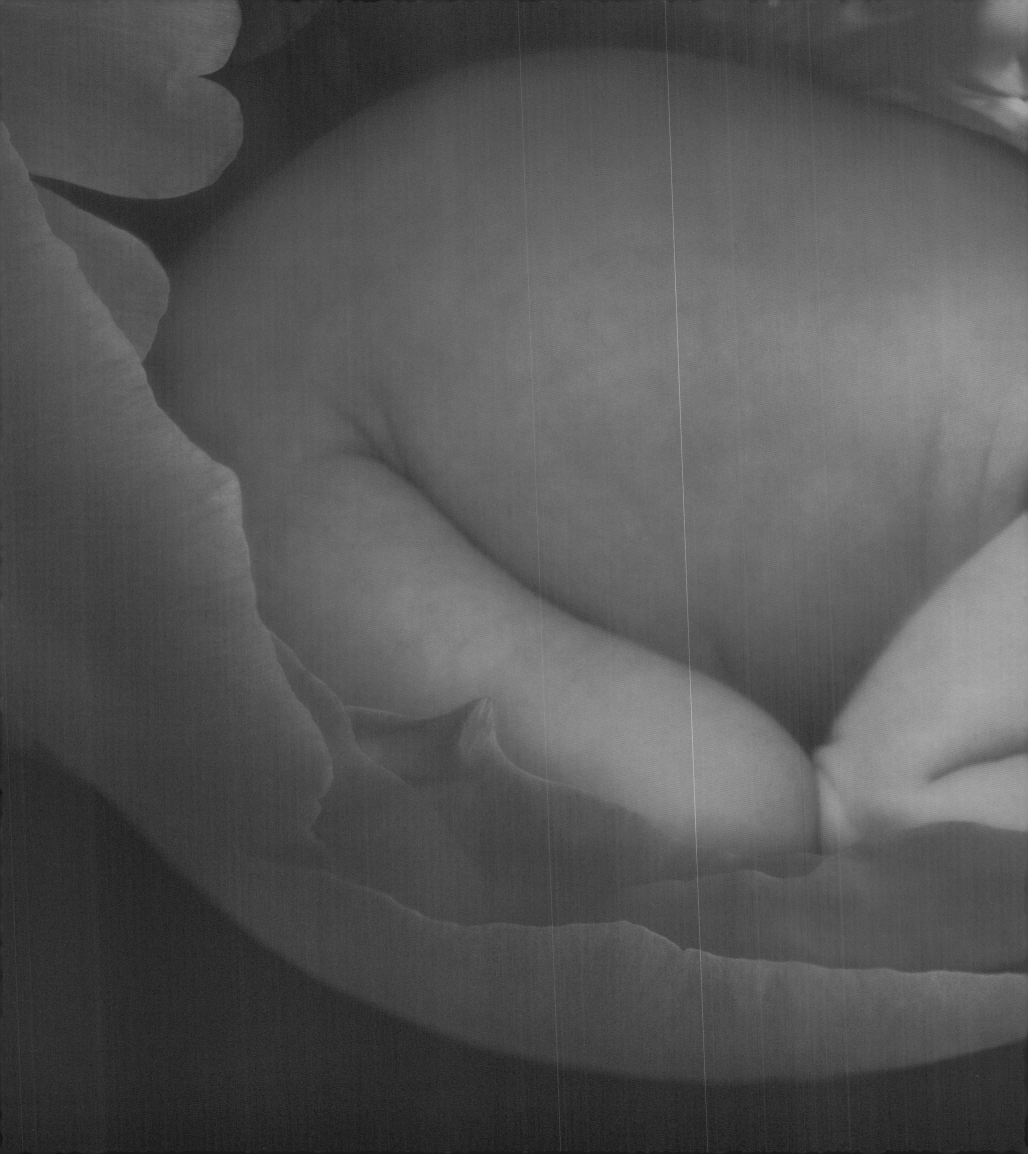

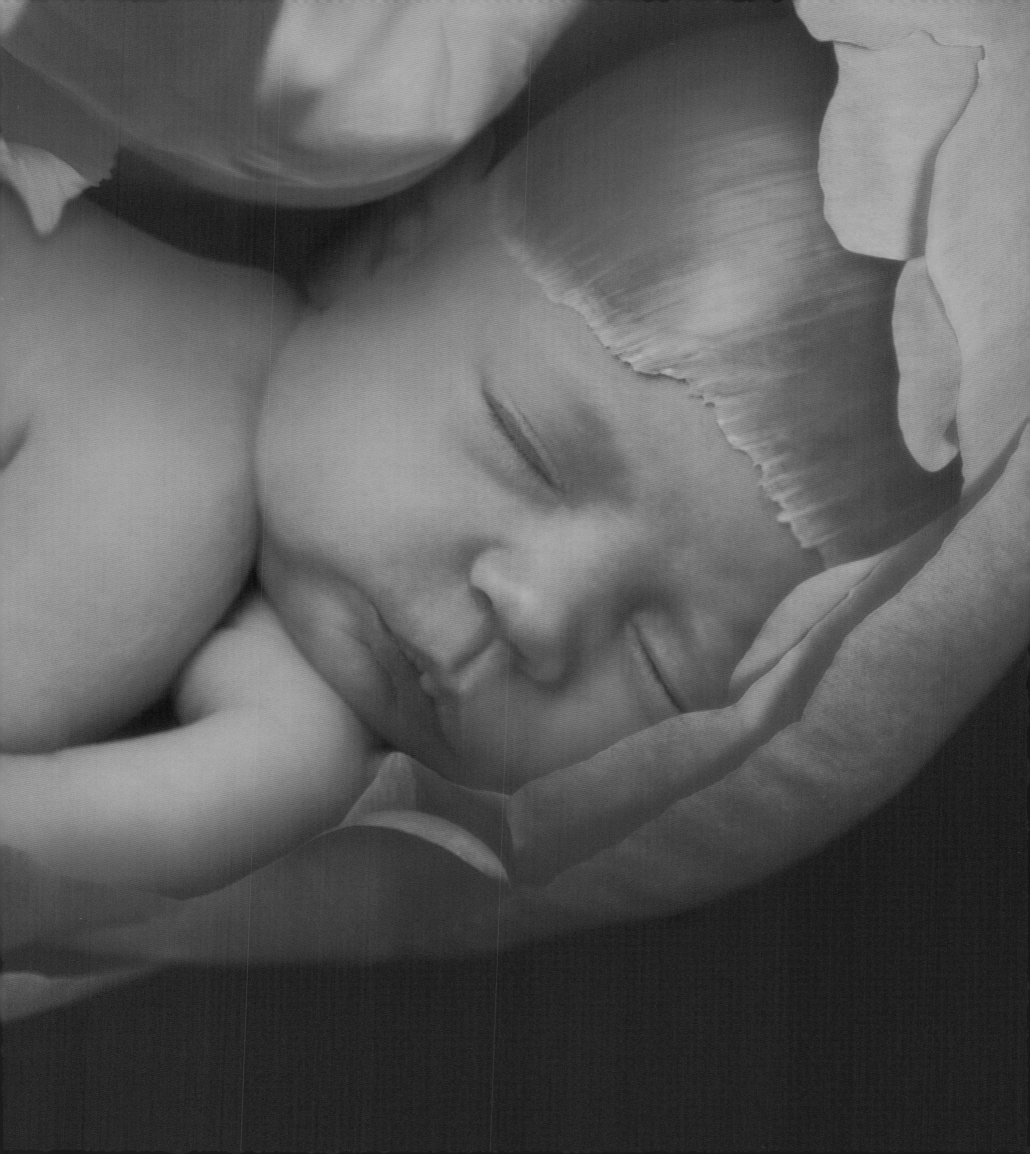

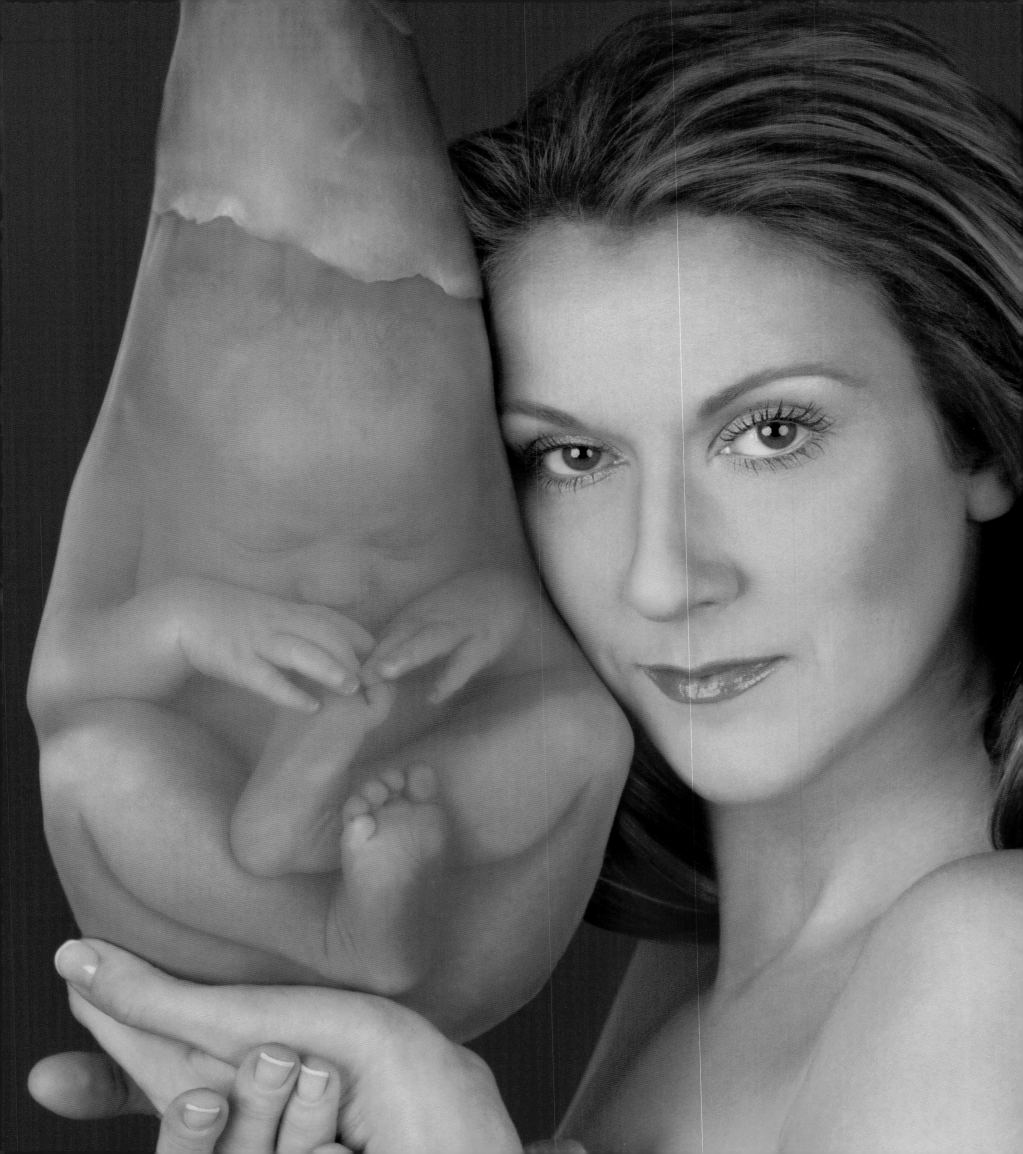

ferme
je serai toujours avec toi
tes yeux

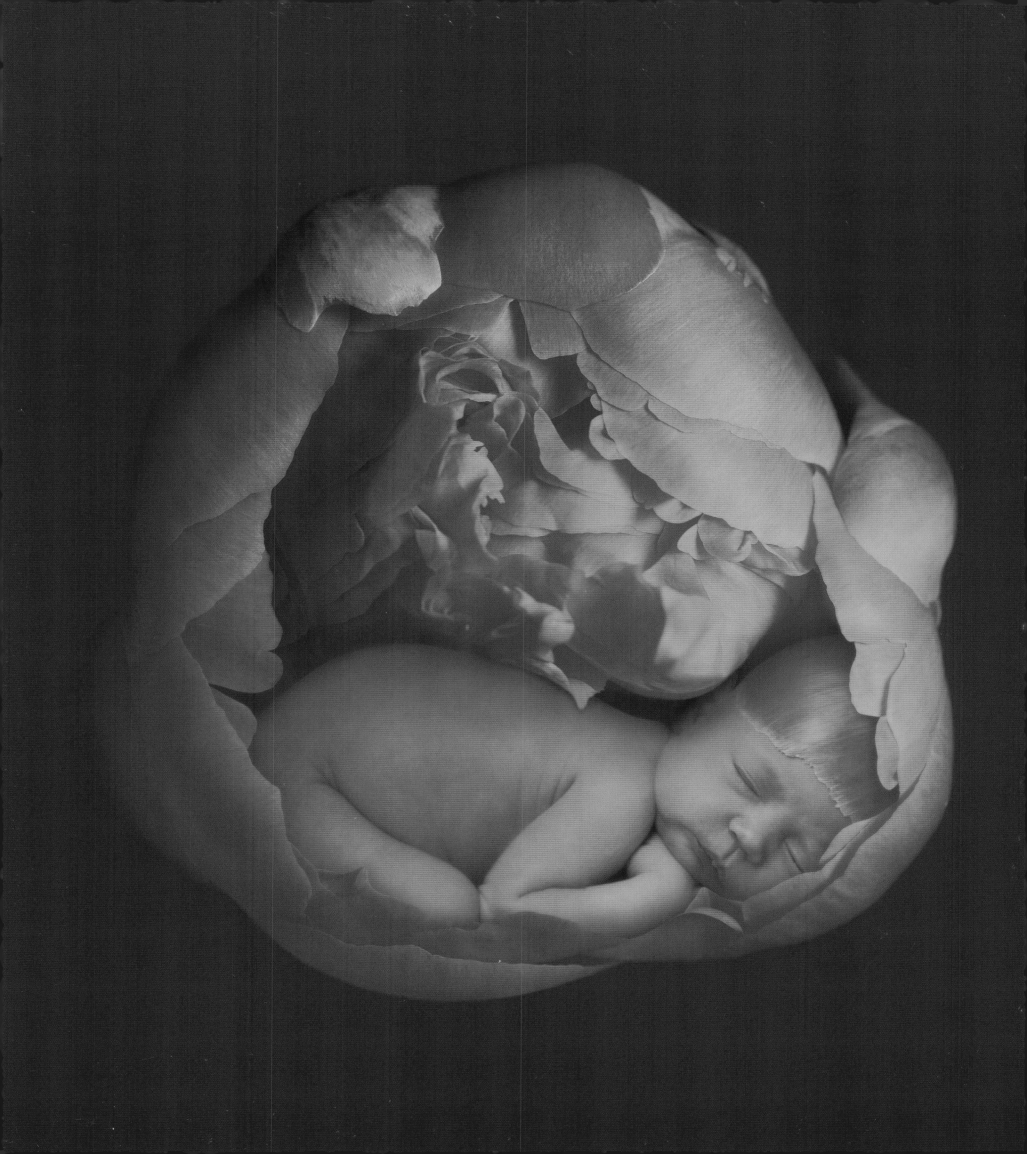

Miracle

une célébration de la vie

les nouveau-nés

merci

Nombreuses sont les personnes dévouées et talentueuses qui ont œuvré dans l'ombre afin que ce projet voie le jour. Il m'est essentiel de pouvoir compter sur les gens qui travaillent avec moi au studio. Car, à moins d'avoir de la chance – réussir une photo du premier coup, par exemple –, il m'est difficile de décrire dans quelle effervescence émotionnelle nous travaillons et quel soin attentif nous devons en permanence déployer envers chacun des bébés qui viennent poser devant l'objectif, sans oublier les mamans qui, bien souvent, tombent de fatigue !

Deux personnes en particulier ne m'ont virtuellement jamais quittée depuis mon tout premier calendrier, en 1992. C'est dire l'immense gratitude que j'éprouve envers Natalie Torrens et Dawn McGowan qui, en dehors de leurs talents respectifs (cf. crédits ci-contre), m'ont toujours manifesté, ainsi qu'à mon travail, leur soutien inconditionnel. Nous formons une famille. Merci du fond du cœur.

Un grand merci également à mon mari, Kel, qui n'a cessé de m'encourager et de me soutenir de toutes les manières possibles. Merci de croire ainsi en moi, merci pour tout le travail que tu accomplis en coulisse et que les gens ignorent la plupart du temps.

Enfin, merci à nos merveilleuses filles Stephanie et Kelly – à qui je dédie cet album.

conception générale/styliste,
Dawn McGowan

directrice du studio/contact
avec les mamans et les bébés,
Natalie Torrens

supervision de la fabrication
et du système digital,
Relda Frogley

assistante personnelle d'Anne,
Fiona Wadman

assistants photographes,
Rebecca Swan et Steven McNicholl

tirage noir et blanc,
Marie Shannon, Rebecca Swan

retouche et photoshop,
Joanne Gray

conception graphique
par Out There design,
Paul Green, Graham Burt

assistés par l'équipe de KGM design,
Kirsten Mitchell, Lisa Waldren,
Claire Robertson, Carla Pawley

graphisme manuel,
Alison Furminger

coédition,
Photogenique Publishers
Kevin Chapman

remerciements particuliers à
Imacon, Epson, Image Centre
et HQ Imaging

supervision et coordination,
Catherine Madigan

les autres membres de l'équipe Geddes
un peu partout dans le monde :
Terry McGrath (CEO)
Gary Brown (Directeur Général)

(et par ordre alphabétique)
Carl Anderson, Nicki Brown, Rebecca Douglas, Bryan Harris, Shirley Inggs, Tonya Jenne, Betty Leiataua, Susan Lovelock, Dervla McKenna, Sue Massey, Hannah Miles, Angela Mobberley, Estelle Murray, Joanne Nathan, Alison Newton, Trish O'Donnell, Stephanie Picchena, Kelly Skelton, Melanie Strand, Natasha Webb, Libby Twigg, Craig Tyler, Ron Talley et Colette Rocher

Merci également à toute l'équipe qui nous a aidé sur les prises de vue à Las Vegas.

producteurs exécutifs,
Kel Geddes et Murray Thom

Pour nous avoir aidés à trouver tant de magnifiques bébés, merci à Midwives of Auckland et Multiple Birth Associations of Auckland, Nouvelle-Zélande

Enfin, un grand merci à tous ces parents qui nous ont confié leurs précieux bébés pour nos séances photographiques en studio à Auckland et à Las Vegas. Votre enthousiasme pour ce projet a été très apprécié.

www.annegeddes.com

la musique

Karine, Alice, Eddy et Lloyd… Maintenant que vous reposez en paix, votre présence dans nos coeurs est immortelle et vous faites partie de notre vie de tous les jours. Notre amour pour vous est éternel et vivant.

Papa… Nos vies sont pleines de souvenirs, de musiques et de rires partagés avec toi. Ton parfum est dans l'air que je respire et je vois tes yeux chaque jour dans le regard plus bleu que bleu de mon fils. Nous t'aimons tellement!

Céline

management

René Angélil – Les Productions Feeling Inc.

associé au management : Dave Platel

vice-président exécutif, finances et administration : André Delambre

vice-président, direction artistique : Mario Lefebvre

directrice administrative et assistante exécutive de René Angélil : Sylvie Beauregard

directrice des opérations marketing : Lina Attisano

consultant affaires légales : Paul Farberman

consultant marketing international : Randy Irwin

consultant international : Ben Kaye

www.celinedion.com

le fan-club officiel en ligne sur le site :
www.celinedion.com

Céline est la marraine de la Fondation canadienne de la fibrosekystique (Mucoviscidose)

L'album *Miracle*

miracle
(Linda Thompson, Steve Dorff)
Warner-Tamerlane Publishing Corp. (BMI) et Brandon Brody Music (BMI). Tous les droits pour Brandon Brody Music administrés par Warner-Tamerlane Publishing Corp.(BMI).

brahms lullaby
(Johannes Brahms)
© 1998 One Four Three Music/Bill-Man Music (BMI) Tous les droits pour One Four Three Music administrés par PeerMusic Ltd.

if I could
(Ken Hirsch, Marti Sharron, Ron Miller)
Lorimar Music. A Corp Spinning Platinum Music, EMI Blackwood Music Inc., Sony/ATV Songs LLC.

my precious one
(Stephanie Bentley & Peer Astrom)
Universal Music Publishing Group – Nashville, Murlyn Songs AB, Hush-Tone Music Publishing Inc.

what a wonderful world
(Robert Thiele, George David Weiss)
Abilene Music Inc., Quartet Music Inc., Range Road Music Inc.

sleep tight
(Richard Page, Jon Lind, John Lang)
© 2004 Seven Peaks Music (ASCAP) Tous les droits pour Little Dume Music et Comfort Food Music Lang Music (ASCAP) administrés par Seven Peaks Music (ASCAP), Hush-Tone Music Publishing Inc.

a mother's prayer
(David Foster, Carole Bayer Sager)
© 1998 par Warner-Tamerlane Publishing Corp. (BMI). Tous droits réservés.

the first time ever I saw your face
(Ewan MacColl)
© 1962 Stormking Music, Inc. (BMI)

baby close your eyes
(Carol Welsman, Romano Musumarra)
Editions Georges Mary/Welcar/Hush-Tone Music Publishing Inc.

come to me
(Beverley Mahood, Thomas Wade)
Socan Hush-Tone Music Publishing Inc.

le loup, la biche et le chevalier (une chanson douce)
(Maurice Pon, Henri Salvador)
P 1955 Mercury France

beautiful boy
(John Lennon)
LENONO MUSIC. L

in some small way
©2004 Seven Peaks Music (ASCAP) Tous les droits pour Little Dume Music, administrés par Seven Peaks Music (ASCAP). EMI April Music Inc./Emi April Music (Canada) Ltd./ Into Wishin_ (SOCAN). Tous droits pour Into Wishin_controlés et administrés par EMI April Music Inc. (ASCAP), Hush-Tone Music Publishing Inc.

réalisation et arrangements : David Foster

prise de son, voix et mixage : Humberto Gatica

producteurs exécutifs : Kel Geddes, Vito Luprano, Murray Thom

arrangements orchestraux : William Ross

programmation et conception sonore : Jochem van der Saag

ingénieurs "protools" : Francois Lalonde, Neil Devor, Jorge Vivo

assistants au mixage : Alejandro Rodriguez, Francois Lalonde

gravure : Vlado Meller dans les Studios de Sony Music, New York

claviers : David Foster

claviers additionnels et arrangements : Jochem van der Saag

guitares : Dean Parks

percussions : Rafael Padilla

choeurs : Celine Dion et Richard Page

enregistré et mixé : aux Chartmaker Studios, Los Angeles

voix enregistrée : au Studio Digital Insights Recording, Las Vegas

orchestre enregistré : aux Sony Studios, Culver City

assistants ingénieurs digital insights : Matt « Lou » Salveson et Jeff Basso

coordination de projet pour chartmaker studios : Courtney Blooding

coordination de projet pour sony musique canada : Terry Chiazza

www.annegeddes.com
www.celinedion.com

Miracle 2004 Images © Anne Geddes, 2004.
Tous droits réservés.

Anne Geddes est reconnue par le Copyright, Designs
et Patents Act 1988 comme l'Auteur de cet ouvrage.

Anne Geddes est une marque déposée
du Geddes Group Holdings Limited.

Céline Dion apparaît avec l'aimable autorisation
de Sony Music.

Pour les copyrights et les détenteurs des droits
musicaux, se référer à la page des crédits musique.

Concept et copyright The Miracle Partnership and
Project © 2004. Tous droits réservés.

Première publication en 2004 par Photogenique
Publishers (un département de Hodder Moa Beckett)
4 Whetu Place, Mairangi Bay, Auckland
Nouvelle-Zélande.

Cette édition publication en Canada en 2004 par
Andrews McMeel Publishing, an Andrews McMeel
Universal company, 4520 Main Street, Kansas City,
MO 64111-7701.

Imprimé en Chine par Midas Printing Ltd, Hong Kong.

Producteurs exécutifs Kel Geddes et Murray Thom.

Dépôt légal : octobre 2004

Library of Congress data on file.

ISBN: 0-7407-4842-4

les chansons

quand j'ai vu ton visage
   ## pour la première fois

quand j'ai vu ton visage pour la première fois
j'ai cru voir le soleil se lever dans tes yeux
la lune et les étoiles offertes en présent
aux ténèbres de la nuit, mon amour

quand j'ai embrassé tes lèvres
   pour la première fois
j'ai senti la terre trembler sous mes doigts
comme le cœur frémissant d'un oiseau
   prisonnier
tu étais là, dans mes bras, mon amour

quand je me suis allongée près de toi
   pour la première fois
et que j'ai senti battre ton cœur
quand j'ai vu ton visage pour la première fois,
ton visage, ton visage, ton visage

si je le pouvais

si je le pouvais
j'éviterais à tes yeux la tristesse
je te donnerais le courage d'affronter
   ce monde de compromis
oui, c'est ce que je ferais

si je le pouvais
je t'enseignerais toutes les choses
   que je n'ai jamais apprises
et je t'aiderais à franchir tous les ponts
   que j'ai moi-même brûlés
oui, c'est ce que je ferais

si je le pouvais
j'essaierais de préserver ton innocence
   de l'usure du temps
mais cette part de vie que je t'ai donnée
   ne m'appartient pas
je t'ai regardé grandir afin de te laisser partir

si je le pouvais
je t'aiderais à traverser les années d'épreuves
je sais que je ne pourrais jamais verser
   des larmes à ta place
mais je le ferais
si je le pouvais

oui, même si je dois vivre
en un temps et un lieu que tu ne veux pas
   connaître
rien ne t'oblige à faire route avec moi
mon passé ne doit pas devenir ton destin

si je savais comment faire
je changerais le monde que je t'ai offert
et plus rien ne pourrait m'arrêter
voilà ce que je ferais
si je le pouvais

oh mon bébé
je veux seulement te protéger
et t'aider, mon tout petit, à franchir
   les obstacles
parce que tu fais partie de moi
et si jamais un jour, un jour prochain,
   tu as besoin
d'une épaule sur laquelle pleurer
ou simplement de quelqu'un à qui te confier
je serai là pour toi, je serai là

je n'ai pas changé le monde
c'est pourtant ce que je ferais
si je le pouvais.

quel monde merveilleux

je vois le vert des feuilles et les roses rouges,
je les vois s'épanouir pour toi et moi
et je ne peux m'empêcher de penser :
   quel monde merveilleux

devant le bleu du ciel
   et le blanc des nuages,
la lumière éblouissante du jour
   et les ombres sacrées de la nuit,
je ne peux m'empêcher de penser :
   quel monde merveilleux

les couleurs de l'arc-en-ciel,
   si belles dans le ciel,
se reflètent aussi sur le visage des passants,
des amis se serrent la main
   et se demandent « comment vas-tu ? »
comme s'ils se disaient « je t'aime »

j'entends des bébés pleurer
   et je les regarde grandir
ils apprendront tellement plus de choses
   que moi
et je ne peux m'empêcher de penser :
   quel monde merveilleux
oui, je ne peux m'empêcher de penser :
   quel monde merveilleux

je vois le vert des feuilles et les roses rouges
je les vois s'épanouir pour toi et moi,
et je ne peux m'empêcher de penser :
   quel monde merveilleux.